ARCHIPRIX 2011

De beste Nederlandse afstudeerplannen; architectuur, stedenbouw en landschaps-architectuur. *The best Dutch graduation projects; architecture, urban design and landscape architecture.*

010 Publishers, Rotterdam 2011

INTRODUCTIE

– INTRODUCTION

Archiprix 2011
Madeleine Maaskant (voorzitter)

De jongste generatie ontwerpers is bezig haar positie te bepalen. Dat is noodzakelijk, want de wereld is in korte tijd veranderd. De leegstand onder kantoren overstijgt de verbeelding, de verkoop van woningen verloopt ongekend moeizaam en stedelijke ontwikkelingen zijn stilgelegd. De bouwsector is hard geraakt door de financiële crisis en de prognoses voor herstel zijn broos. Werk is verdampt, banen zijn verdwenen en de onzekerheid is groot.

Daar sta je dan met een net behaald diploma onder de arm. Een paar jaar geleden leken de bomen tot de hemel te reiken; in korte tijd is het toekomstperspectief danig gekanteld.
Tijdens de opleiding word je als ontwerper geleerd met ideeën en ontwerpen de wereld te verbeteren. Om dat te kunnen doen moet je toch allereerst de wereld enigszins kunnen begrijpen, wat geen eenvoudige opgave is nu zoveel wat voorheen vanzelfsprekend leek het geenszins meer blijkt te zijn.

Archiprix presenteert met trots dit boek vol inspirerende ideeën van een nieuwe lichting talentvolle ontwerpers die allen in het afgelopen jaar hun studie hebben afgerond. De drang naar vernieuwing is voelbaar. Het begin van een zoektocht naar antwoorden op nieuwe opgaven begint zich, weliswaar schoorvoetend, af te tekenen. Het boek biedt een mooi overzicht van tot de verbeelding sprekende oplossingen voor opgaven van verschillende aard en schaal. Het zijn de beste afstudeerplannen, met zorg geselecteerd door de Nederlandse ontwerpopleidingen die net als vorig jaar het maximum aantal plannen voor deelname aan Archiprix hebben voorgedragen.

Ondanks de onzekerheid op de arbeidsmarkt slagen Archiprix genomineerden erin om goed aan het werk komen. Het is verheugend te constateren dat twee derde deel van de Archiprix 2010 deelnemers op ontwerpbureaus werkzaam is en een derde deel een eigen bureau is begonnen, al dan niet ondersteund met een startstipendium van het Fonds BKVB.
Juist in deze tijd roept Archiprix opdrachtgevers op om de aankomende talenten een kans te geven. Daarmee kunnen ze zichzelf, de beginnende ontwerpers en de bouwpraktijk een grote dienst bewijzen. Juist nu, in een tijd waarin opgaven geherdefinieerd worden. Verstedelijking, een verouderde woningvoorraad, in het slop geraakte bedrijventerreinen, renovatie, hergebruik, de klimaatproblematiek en het energiegebruik van de bouw zijn een aantal van de onderwerpen die om grote aandacht vragen.
Juist nu willen Archiprix deelnemers graag hun talenten aanwenden om met hun inventiviteit en bezielende ideeën bij te dragen aan een betekenisvolle nieuwe werkelijkheid.

De stichting Archiprix organiseert naast elkaar een nationale en een internationale editie van Archiprix. Terwijl de nationale Archiprix is uitgegroeid tot een jaarlijks terugkerend onmisbaar onderdeel in de architectuurwereld, waar door velen reikhalzend naar wordt uitgekeken, heeft de tweejaarlijkse Archiprix International de status van belangrijkste afstudeerprijs ter wereld verworven. Een niet meer weg te denken podium voor het mondiale ontwerponderwijs en vooral voor het internationale ontwerptalent. Archiprix en hoofdsponsor Hunter Douglas delen de ambitie om de Archiprix International verder te professionaliseren en het bereik nog meer te vergroten.
Archiprix International heeft, in samenwerking met een van de vooraanstaande universiteiten in de Verenigde Staten, de Massachusetts Institute of Technolgy (MIT) in de ronde van 2011 de aansluiting met Noord-Amerika versterkt, waarmee een lang gekoesterde wens in vervulling is gegaan. In juni hebben in Boston en New York de workshops en de prijsuitreiking plaatsgevonden. En na de Verenigde Staten zal Archiprix International in 2013 voor de zevende keer worden georganiseerd, dit keer in Rusland.

Я с нетерпением жду встречи с Москвой !

Archiprix 2011
Madeleine Maaskant (chairperson)

The latest generation of designers is now engaged in defining a stance. This is necessary, for the world has changed in a short time. The sheer number of unoccupied offices beggars belief, the sale of homes has never been this sluggish and urban developments have been halted. The financial crisis has hit the building sector hard and the prognoses for recovery are shaky. Work has evaporated, jobs have vanished and uncertainty is at a premium.

So there you stand with your recently obtained certificate tucked under your arm. A few years ago it seemed that the sky was the limit; this future prospect has taken a tumble in the shortest time.
During your studies to be a designer you are instructed to improve the world with ideas and designs. To be able to do that you first need to know a little of what the world is about, no simple task now that what once seemed a certainty proves to be anything but certain.

It is with pride that Archiprix presents this book full of inspirational ideas by a new batch of talented designers who have all completed their course of studies during the past year. The desire for innovation can be felt throughout. The onset of a quest for answers to new briefs is taking shape, albeit hesitantly. This book offers an excellent overview of enthralling solutions to challenges of all types and scales. These are the best graduation projects, carefully selected by the Dutch architecture schools and faculties who like last year have submitted the maximum number of projects to Archiprix.

Despite the uncertainty in the jobs market, those shortlisted for Archiprix are successful in finding work. It is encouraging to know that two thirds of the participants in Archiprix 2010 are working at design offices and the other third has set up in independent practice, whether or not supported by a start-up grant from the Netherlands Foundation for Visual Arts, Design and Architecture (Fonds BKVB).
These days more than ever, Archiprix appeals to clients to give the new wave of design talent a chance. They would then be doing themselves, the fledgling designers and the building practice as a whole a great service.
Particularly now, when the briefs are being reassessed. Urbanization, an ageing housing stock, stagnating industrial estates, renovation, reuse, climate change and energy consumption in the construction industry are some of the issues that need addressing in depth.
Now, more than ever, Archiprix participants are only too willing to channel their talents into contributing to a meaningful new reality with their inventive and inspiring ideas.

The Archiprix Foundation organizes in tandem a national and an international edition of Archiprix. If the national Archiprix has grown into an indispensable part of the architecture world each year, one to which many eagerly look forward, the two-yearly Archiprix International has now attained the status of the world's pre-eminent graduation award. It has become an integral part of design education as a platform, most especially for young international design talent. Archiprix and its principal sponsor Hunter Douglas share the ambition to continue professionalizing Archiprix International and extend its reach even further.
This year's edition of Archiprix International, organized in association with the Massachusetts Institute of Technology (MIT), one of the USA's top universities, has strengthened the bond with North America, which sees a long-cherished dream become a reality. The workshops and the awards presentation were held in June in Boston and New York. And following the USA, Archiprix International is to be organized in 2013 for the seventh time, this time in Russia.

Я с нетерпением жду встречи с Москвой !

GENOMINEERDE PROJECTEN
– NOMINATED PROJECTS

Paul Michielsen

OPLEIDING *PLACE OF EDUCATION*
AvB Rotterdam
STUDIERICHTING *SPECIALIZATION*
Architectuur *Architecture*
MENTOREN *TUTORS*
Douwe Boonstra, René Pijnenburg,
Paul Panhuysen, Jeroen Vugts
CONTACT *CONTACT*
Baron G.A. Tindalstraat 106, 1019 TX Amsterdam
info@architectune.net

Archicoustics A Sound(ing) Architecture

Ontwerp voor een cultureel verzamelgebouw op de campus van de Technische Universiteit Eindhoven waarbij de akoestische beleving van ruimten de hoofdrol speelt. *Design for a mixed-occupancy cultural building on the campus of TU Eindhoven that focuses on the acoustic experience of spaces.*

ARCHI– COUSTICS

PAUL MICHIELSEN

Beluister de radio documentaire van 'Archicoustics' via http://vimeo.com/14491989. *Listen to the 'Archicoustics' radio documentary at http://vimeo.com/14491989*

Archicoustics A Sound(ing) Architecture
Paul Michielsen

Archicoustics stelt akoestiek centraal in plaats van haar als restproduct van een ontwerpproces te zien. Het is een opvatting over de relatie tussen geluid en ruimte die we terug vinden bij de oude Grieken. Archicoustics bestudeert archetypische akoestische condities die ruimtelijk nieuwe uitgangspunten definiëren. Deze liggen aan de basis van de verschijningsvorm van de verschillende klankkamers in het gebouw. Hierbij worden de extreme akoestische condities gezien als kwaliteit. Een stapeling van twaalf klankkamers met ieder hun eigen specifieke akoestische conditie zijn verticaal georganiseerd en volgen een toename in de ruimtelijke geluidsbeleving binnen Archicoustics.
Het geluidsgebouw ligt op het terrein van de Technische Universiteit Eindhoven dichtbij het centraal station en de stadsring. Archicoustics koppelt een netwerk van artiesten, wetenschappers en studenten, waarvan een deel reeds actief is op de campus. Het werkt als bemiddelaar tussen cultuur, onderwijs en bedrijfsleven. In de stedelijke ruis zorgt Archicoustics voor een stiltemoment met een publiek karakter. De klankkamers creëren verschillende accenten in dit, hoofdzakelijk ondergrondse, stiltemoment. Het programma wordt daarbij aangevuld met een foyer, winkel en archief, deze zijn opgenomen in de holtes tussen de klankkamers. Het 'klankdode' plein op maaiveld is publiek toegankelijk, hier bevindt zich de entree tot Archicoustics. Een bestaande fiets- en voetgangersverbinding loopt over dit plein. Daarnaast start er een publieke route naar het dak van het gebouw voorzien van een permanente tentoonstelling over geluid en architectuur.
Typologisch begeeft Archicoustics zich op het grensvlak van het laboratorium (onderzoek), het podium (expressie), de tentoonstellingsruimte (participatie) en het archief (conserveren). Gebruikers worden door deze samenkomst van functies uitgedaagd om hun bestaande opvattingen over akoestiek te herzien. Binnen Archicoustics zorgt een publieke route vanaf de bovengrondse pleinruimte voor een doorlopende verbinding tussen de verschillende niveaus. Alle klankkamers kunnen afzonderlijk gebruikt worden voor onderzoek of optreden. De route maakt een permanent gebruik van de winkel, foyer en archief mogelijk. Per niveau kan een volledige rondgang georganiseerd worden waarbij de klankkamers betrokken worden. Dit levert een vrij vloerveld voor tentoonstellingsdoeleinden. Naast

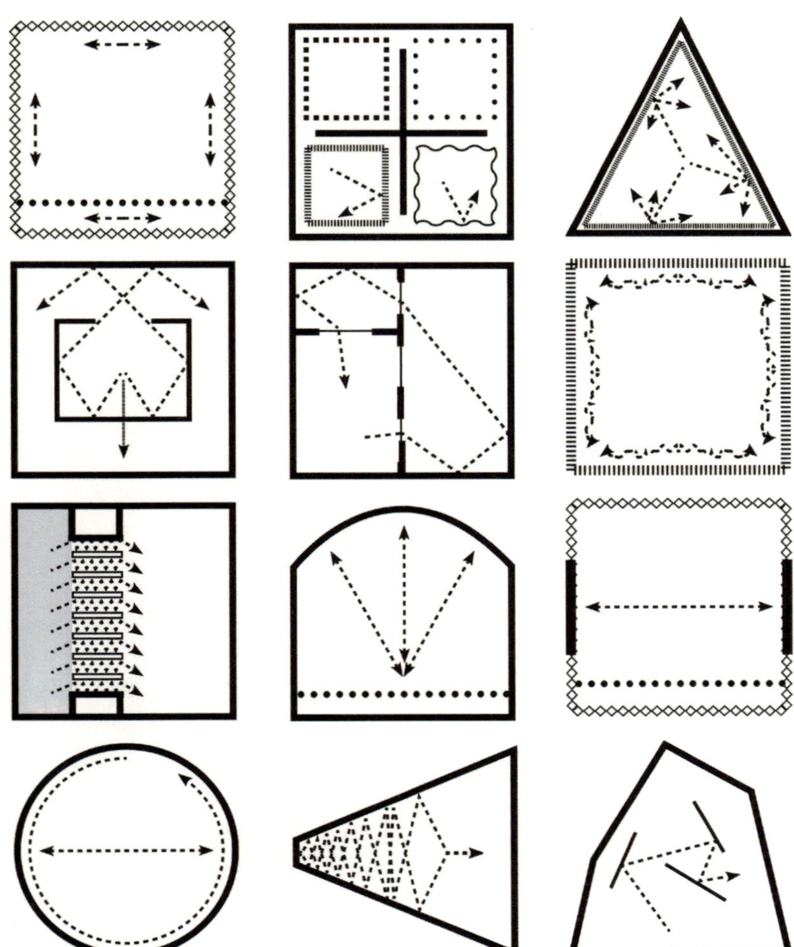

Studie naar akoestische condities. *Study into acoustic conditions.*

Maquette. *Model.*

het organiseren van specifieke exposities zal Archicoustics ook haar eigen archief tonen. Door deze gebruiksmogelijkheid zal het gebouw ook overdag veel bezoekers ontvangen. Archicoustics nodigt hierbij iedereen uit om te participeren.

Archicoustics – A Sound(ing) Architecture
Paul Michielsen

Archicoustics places acoustics at centre stage instead of regarding them as a by-product of a design process. It is about the relationship between sound and space that we know from the Ancient Greeks. Archicoustics explores archetypical acoustic conditions that define spatially new departure-points. These are fundamental to the look of the different acoustic chambers in the building. This elevates extreme acoustic conditions to positive qualities. A stack of 12 acoustic chambers each with its own particular acoustic condition are organized vertically and follow an increase in the spatial experience of sound within Archicoustics.

The acoustics building stands in the grounds of Eindhoven University of Technology close to Central Station and the outer urban ring of development. Archicoustics hitches together a network of artistes, academics and students, of which a share is already active on campus. It works as a mediator between culture, education and the world of trade and industry. Amidst the urban static Archicoustics provides a moment of silence with a public air about it. The acoustic chambers variously point up this largely subterranean moment of silence. To this end the programme is supplemented with a foyer, shop and archive taken up in the cavities between the acoustic chambers. The 'acoustically dead' plaza at ground level is open to the public and contains the entrance to Archicoustics. An existing cycle and pedestrian way crosses this plaza. It is also the start of a public route to the building's roof which is given over to a permanent exhibition on sound and architecture.

Typologically, Archicoustics occupies the border zone between a laboratory (research), a stage (expression), an exhibition area (participation) and an archive (conservation). This convergence of duties challenges users to revise their ideas about acoustics. Inside Archicoustics, a public route leading from the above-ground plaza space stitches the various levels together. All acoustic chambers can be used individually for research or performance. The route means that the shop, foyer and archive can be visited at all times. A complete circuit featuring the acoustic chambers can be organized at each level, giving a free floor area for putting on exhibitions. Besides mounting dedicated shows, Archicoustics will put its own archive on display. Given this range of activities the building will attract many users during the day as well. Archicoustics thereby invites everyone to take part.

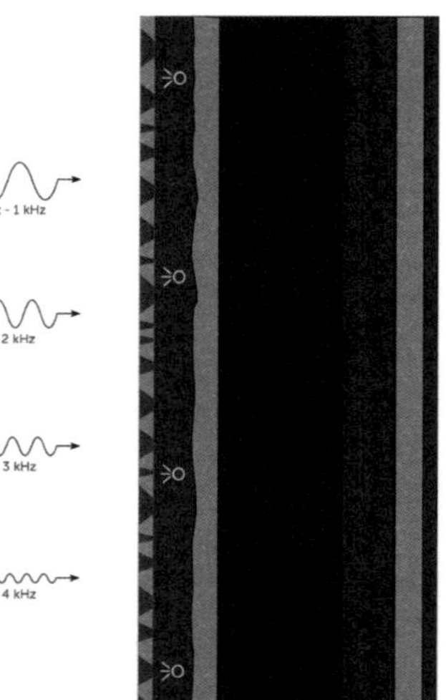

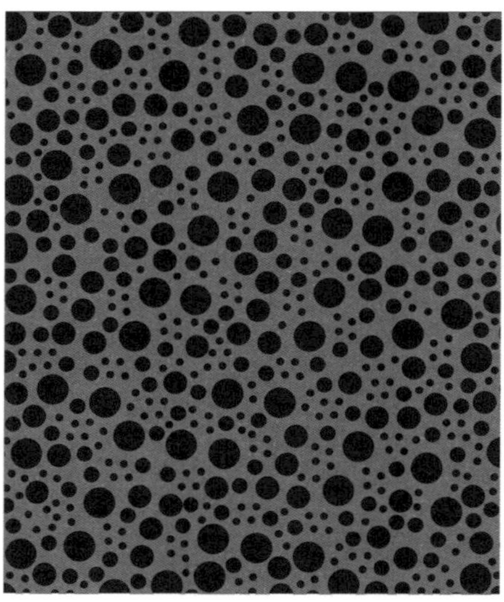

Detail (doorsnede en aanzicht) geluid absorberende huid. De diameter van de conische perforaties varieert van 2 tot 50 mm. De verschillende afmetingen van de perforaties dempen geluiden van verschillende frequenties. *Detail (section and elevation) of sound absorbent skin. The diameter of the conical perforations varies from 2 to 50 mm. The different dimensions of the perforations muffle sounds of different frequencies.*

Impressie geluidsarm publiek plein. *Impression of low-noise public plaza.*

Impressie ondergronds auditorium. *Impression of underground auditorium.*

Doorsnede. *Section.*

Juryrapport
De opgave bestaat uit het ontwerpen van een instituut op de campus van de TU Eindhoven waar de ervaring van het geluid centraal staat. Een uitgebreide voorstudie doet verslag van een onderzoek naar de relatie van geluid en ruimte. Het meest intrigerende onderdeel van het project is het ontwerpend onderzoek waarbij gefocust wordt op de ervaring van de akoestiek in relatie met ruimte. Het streven om extreme akoestische condities ervaarbaar te maken in het instituut maakt nieuwsgierig naar de potenties van de akoestische ervaring in relatie met de architectuur. De architectonische vertaling lost de gewekte verwachtingen niet in. Ze heeft op zichzelf wel kwaliteiten maar mist de kracht van het onderzoek en mist ook de poëzie die bij het thema past. Het blijft een technisch, functionalistisch verhaal waarbij de combinatie van ruimte en akoestiek niet goed uit de verf komt. Het nagestreefde contrast tussen orde en chaos komt niet tot leven. Het gebouw had vanwege haar culturele functie een meer prominente positie op de campus verdiend. De ondergrondse ligging lijkt daarom minder logisch.

Jury report
The brief is to design an institute on the campus of TU Eindhoven devoted to how we experience sound. An extensive preliminary study reports on research done into the relationship between sound and space. The most intriguing part of the project is the research by design study which looks at the ways acoustics and space relate. The designer's wish to make extreme acoustic conditions perceptible at the institute arouses one's curiosity as to the potentials of the acoustic experience as this relates to architecture. However, the architecture of Archicoustics falls short of expectations. It has qualities in itself but lacks both the power of the research and the poetry appropriate to this theme. It gets no further than a technical, functionalist narrative where the combination of space and acoustics leaves much to be desired. The contrast aspired to between order and chaos fails to come to life. In view of the building's cultural duty it deserves a more prominent place on campus, rather than the present less logical solution of locating it underground.

Plattegrond. *Plan.*

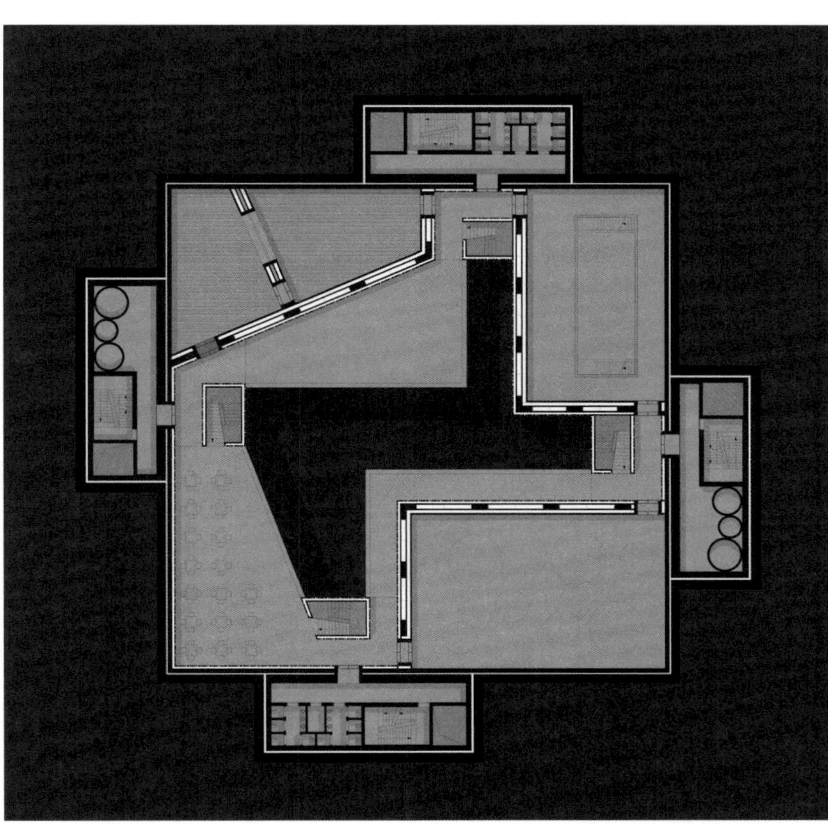

Impressie diffusiekamer. *Impression of diffusion room.*

De Brakke Grond Een huis voor de cultuur van de lage landen. *A house for lowlands culture.*

Ontwerpvoorstel voor de verbouwing van cultureel centrum de Brakke Grond in Amsterdam. *Design proposal to remodel Brakke Grond cultural centre in Amsterdam.*

Mark Smyth

OPLEIDING *PLACE OF EDUCATION*
TU Delft

STUDIERICHTING *SPECIALIZATION*
Architectuur *Architecture*

MENTOREN *TUTORS*
Christoph Grafe, Heike Löhmann, Henk Mihl, Irene Cieraad

CONTACT *CONTACT*
32 Bassett street, NW5 4PH
markpatricksmyth@hotmail.com

DE BRAKKE GROND

MARK SMYTH

De Brakke Grond; Een instituut in de historische binnenstad van Amsterdam. *An institute in the historic inner city of Amsterdam.*

De foyer; een monumentale arcade langs de Nes, kadert het culturele leven van het instituut in. *The foyer; a monumental arcade along the Nes, framing the cultural life of the institution.*

De Brakke Grond Een huis voor de cultuur van de lage landen
Mark Smyth

De Brakke Grond, gelegen aan de Nes in de historische binnenstad van Amsterdam, vormt een belangrijke culturele enclave waar Nederlandse sprekers lezingen geven. Het biedt opkomend talent op het gebied van beeldende kunst en podiumkunsten uit Nederland en Vlaanderen een internationaal platform.
In mijn ontwerpvoorstel voor de verbouwing van de Brakke Grond met een vloeroppervlak van 8000 vierkante meter, heb ik een aantal centrale thema's gehanteerd. De continuïteit en ook de discontinuïteit in het gebouwde erfgoed van de stad speelden een belangrijke rol, evenals de aanwezigheid van culturele voorzieningen die uitnodigen tot participatie. Daarnaast zijn alledaagse ruimten belangrijk, variërend van ruimten met vertrouwde huiselijke afmetingen tot en met monumentale industriële ruimten. Vaste, niet flexibele ruimten zijn geschikt voor gevarieerd gebruik en vormen de permanente achtergrond waartegen zich een voortdurend veranderend cultureel programma afspeelt.

De Brakke Grond A house for lowlands culture
Mark Smyth

Located on the Nes, a street in the historic inner city of Amsterdam, Brakke Grond is an important cultural enclave for Dutch speakers. It provides an international platform for emerging talent in the visual and performing arts from the Netherlands and Flanders.
The following themes were key to my design proposal to remodel Brakke Grond with a floor surface area of 8000 square metres. Continuity as well as discontinuity in the built heritage of the city figured prominently, as did the presence of cultural spaces that facilitate participation. Then there are everyday spaces varying between those with familiar domestic proportions to monumental industrial spaces. Lastly there are fixed, inflexible spaces that can accommodate varied use. These form a permanent backdrop to a constantly changing cultural programme.

Plattegrond begane grond. *Ground floor plan.*

Doorsnede. *Section.*

1 foyer
2 tentoonstellingsruimte *exhibition space*
3 auditorium
4 theatre
5 bar
6 garderobe *coats*
7 info, tickets
8 kleedkamer *changing room*
9 werkplaats *workshop*
10 vergaderkamer *meeting room*
11 café *cafe*
12 keuken *kitchen*
13 woning *dwelling*
14 boekenkast *book stack*
15 artiestenfoyer *green room*
16 culturele zolder *cultural attic*
17 ruimte voor optredens *performance space*

De binnentuin als podium voor de stad! *The courtyard garden as a stage for the city!*

Een reeks tentoonstellingsruimten is verspreid over de bovenste verdieping waar het shed-achtige dak de industriële sfeer van het robuust afgewerkte interieur versterkt. *A suite of gallery spaces is spread over the top floor where the shed-like roof enhances the industrial ambience of the solidly finished interior.*

De klassieke verhoudingen, het robuuste palet van de bestaande gevels en de industriële kwaliteiten van de Nes bepalen de uitdrukking van de entreegevel. *The classical proportions and robust palette of the existing facades and the industrial quality of the Nes inform the language of the entrance facade.*

Juryrapport
Het afstudeerplan bestaat uit een voorstel voor de verbouwing van de Brakke Grond, een cultureel centrum waar de Nederlandse en Vlaamse cultuur centraal staan, gelegen in de binnenstad van Amsterdam. Op grond van een oppervlakkige analyse die is weergegeven in een rapport, wordt geconcludeerd dat de bewoners van het gebied een belangrijke factor moeten zijn bij de planvorming. Daarnaast worden de historische continuïteit, het netwerk van culturele voorzieningen en het uitnodigen tot participatie als belangrijke thema's gezien. Het is voorts de bedoeling om een veelheid aan verschillende ruimten te realiseren met een sterk gevariëerd karakter. De kenmerkende schaal en structuur van de bestaande stad wordt als uitgangspunt gekozen voor de nieuwe uitbreiding. Dit levert een sequentie van ruimtes op waarvan de ordening onduidelijk is en waarvan de schaal klein en weinig gedifferentieerd is. De gevolgde benadering levert weinig kwaliteiten op. Gezien de gestelde uitgangspunten waarbij de bewoners een hoofdrol toegemeten krijgen wekt het bevreemding dat het clubmodel bepalend is voor de uitwerking en dat de functie van de Brakke Grond voor bewoners onduidelijk blijft.

Jury report
This final-year project is a proposal to remodel Brakke Grond, a cultural centre in Amsterdam's inner city devoted to Dutch and Flemish culture. Based on a somewhat superficial analysis in the report, its designer concludes that local residents are to be a key factor in the planning process. In addition the historic continuity, the network of cultural facilities and the call for participation are treated as important themes. It is the intention moreover that the many spaces are to be realized with widely diverse characters. The designer has the new extension step off from the distinctive scale and structure of the existing city. This elicits a sequence of spaces whose arrangement is unclear and whose scale is small and none too differentiated. The approach taken produces few qualities. In view of the stated aims, in which the local inhabitants are allotted a key role, it seems strange that the club model is decisive for developing the scheme, nor is it clear what the locals stand to gain from the new Brakke Grond.

Brick Lane Street of dreams and opportunities

Een ontwikkelingsstrategie voor de intensivering van het stedelijk gebied wordt verbeeld aan de hand van drie locaties ten oosten van de City in Londen. *A development strategy to intensify the urban area illustrated by three sites east of the City in London.*

Ellen de Boer

OPLEIDING *PLACE OF EDUCATION*
AvB Rotterdam
STUDIERICHTING *SPECIALIZATION*
Stedenbouw *Urban Design*
MENTOREN *TUTORS*
Jaakko van 't Spijker, Hiroki Matsuura, Joost Beunderman, Chris van Langen
CONTACT *CONTACT*
M Harpertszoon Trompstr 27-2,
1056 HW Amsterdam
mail@ellendeboer.nl

Het ideaaltypisch Brick Lane bouwblok is gebaseerd op de huidige ruimtelijke en programmatische logica van de buurt. Het Brick Lane bouwblok bevat verschillende ontwerpregels en dient als ontwerphandvat. *The ideal-typical Brick Lane block is based on the current spatial and programmatic logic in the neighbourhood. The block observes a number of design rules and acts as a design handle.*

- kleine bedrijven *small business*
- detailhandel and catering bedrijven *retail and catering industry*
- openbare tuin *public garden*
- wonen *housing*
- * ontwikkelingslocaties bouwblok *block's opportunity*

BRICK LANE

ELLEN DE BOER

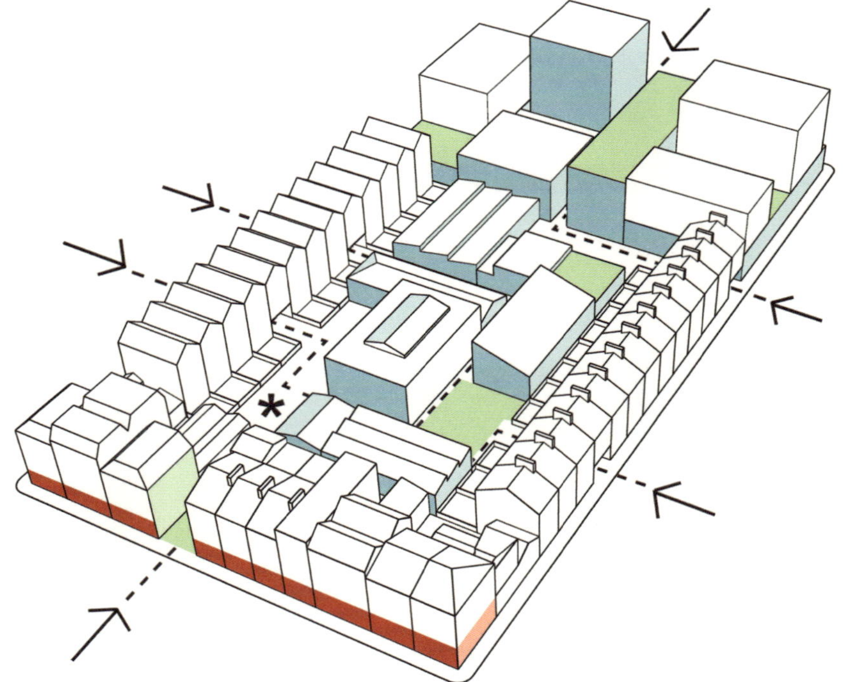

Collage Coriander Garden – de Coriander Club helpt door het verbouwen van groente en het geven van kooklessen Bangladeshi vrouwen uit hun isolement. Openbare 'restruimte' biedt in dit bouwblok plek aan de Coriander Garden en bebouwing t.b.v. kleinschalige bedrijvigheid.

Collage of Coriander Garden – the Coriander Club draws Bangladeshi women out of their isolated position by growing vegetables and giving cooking lessons. In this block, public 'residual space' makes a place on Coriander Garden and the buildings around it for small-scale industry.

Brick Lane vormt de onmisbare schakel tussen de City en het zeer dichtbevolkte woongebied ten oosten daarvan. Het huidige beleid is gericht op verdichting en krijgt gestalte door uitbreiding van de City richting Brick Lane. De mogelijkheden die bestaande kwaliteiten en omstandigheden op dit moment bieden, worden voor deze alternatieve ontwikkelingsstrategie ingezet om de buurt te verdichten en tegelijkertijd te versterken.

Brick Lane is an indispensible link between the City and the very densely populated area to the east. The prevailing planning approach is targeted at compaction and takes the form of extending the City in the direction of Brick Lane. The opportunities currently offered by existing qualities and circumstances are deployed in this alternative development strategy to both compact and strengthen the neighbourhood.

Brick Lane is de onmisbare schakel tussen de City en het woongebied ten oosten daarvan.

Brick Lane is the indispensible link between the City and the residential area to the east.

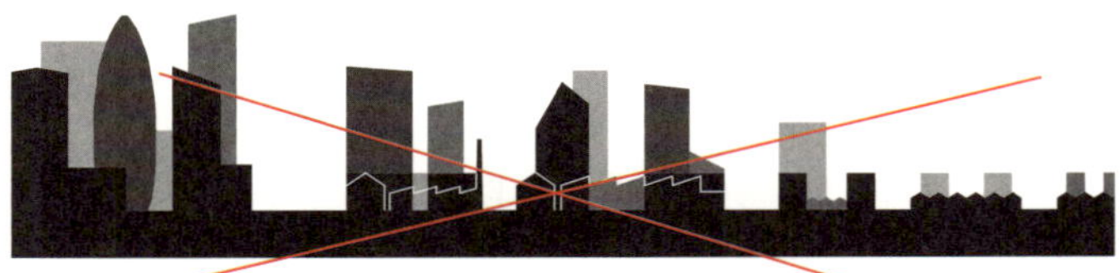

Huidig beleid: uitbreiding van de City in de waardevolle maar kwetsbare buurt.

Current policy: to expand the City in the valuable but vulnerable neighbourhood.

Visie: 'Brick Lane, street of dreams and opportunities'.

Scenario: 'Brick Lane, street of dreams and opportunities'.

<u>Brick Lane</u> street of dreams and opportunities
Ellen de Boer

Door haar intens stedelijk karakter vormt Brick Lane de onmisbare schakel tussen de City, het financieel-economische centrum van Londen en het zeer dichtbevolkte woongebied ten oosten daarvan. Mijn ontwikkelingsstrategie is gebaseerd op de huidige ruimtelijke en programmatische logica van kleinschalige functiemenging. Op grond daarvan is een ideaaltypisch Brick Lane bouwblok ontwikkeld dat dient als ontwerphandvat. Voor drie uiteenlopende locaties is vervolgens een beeld geschetst van de mogelijkheden voor ontwikkeling. Zonder te hoeven slopen, bieden braakliggende kavels, parkeerterreinen en openbare 'restruimte' plaats aan functies die horen bij de buurt. Door samenwerking tussen de eigenaar (in sommige gevallen de overheid) en verschillende veelal kleine lokale partijen, kan deze ontwikkeling in gang worden gezet.
Het huidige beleid is gericht op verdichting en krijgt gestalte door uitbreiding van de City op een aantal grootschalige ontwikkelingslocaties. De waardevolle maar kwetsbare buurt rondom Brick Lane wordt in die planvorming over het hoofd gezien. De cultuurhistorische rijkdom, sociaaleconomische problemen en de mogelijkheden die de aanwezige kleinschalige bedrijvigheid biedt, krijgt in de ontwikkeling geen rol toebedeeld. De druk op de grondprijzen is torenhoog en de levendigheid van de buurt dreigt te worden beperkt tot kantooruren. Protesten van bewoners en betrokkenen tegen de huidige planvorming én de financieel-economische crisis bieden echter ruimte aan mijn alternatieve ontwikkelingsvisie. Deze alternatieve strategie pleit voor intensivering van de waardevolle buurt door gebruik te maken van een groot aantal kleinschalige ontwikkelingslocaties. De mogelijkheden die bestaande kwaliteiten en omstandigheden op dit moment bieden, worden ingezet om de buurt te verdichten en tegelijkertijd te versterken.

Brick Lane als 'street of dreams and opportunities': verdichting en versterking van de buurt door middel van kleinschalige functiemenging. *Brick Lane as a street of dreams and opportunities: intensifying and strengthening the neighbourhood using a small-scale mix of housing, workplaces and services.*

- kleine en middelgrote bedrijven, bestaand *small & medium business, existing*
- kleine en middelgrote bedrijven, nieuw *small & medium business, new*
- detailhandel and catering bedrijven, bestaand *retail and catering industry, existing*
- detailhandel and catering bedrijven, nieuw *retail and catering industry, new*
- openbare ruimte *public space*
- kantoren *offices*
- wonen *housing*
- wonen, nieuw *housing, new*
- * mogelijke ontwikkelingslocaties bouwblok *potential development sites in the block*

Collage Truman Square; het parkeerterrein van een voormalige bierbrouwerij transformeert tot openbaar plein in een bouwblok dat een combinatie van wonen, studeren en werken huisvest. *Collage of Truman Square; the car park of a former brewery transmutes into a public plaza within a block given over to a combination of dwelling, study and work.*

Brick Lane, street of dreams and opportunities
Ellen de Boer

As an intensely urban area, Brick Lane forms an indispensible link between the City, London's business and financial centre, and the very densely populated area to the east. My development strategy is rooted in the current spatial and programmatic logic of a small-scale mix of uses. From there I developed an ideal-typical Brick Lane block that acts as a design handle. I then sketched possible developments for three wide-ranging sites. Vacant lots, car parks and public 'residual space' make places for activities that belong in the neighbourhood without the need for demolition. This development can be set in train by working together with the landowner (in some cases the authorities) and assorted mostly small local parties.

Current policy is targeted at compaction and takes the form of expanding the City on a few large-scale development sites. This planning process ignores the valuable though vulnerable neighbourhood round Brick Lane. There is no place in it for the cultural historical richness, the socioeconomic problems and the potentials held out by the small-scale industry on site. The pressure on land prices is immense and neighbourhood activity looks likely to be limited to office hours only. However, protests by residents and other players against the prevailing planning approach, and against the financial-economic crisis, clear the way for my alternative development strategy. This calls for intensifying what is a valuable neighbourhood by making use of a great many small-scale development sites. The opportunities currently offered by existing qualities and circumstances are deployed to compact the neighbourhood and strengthen it at the same time.

Collage Whitechapel Gallery Courtyard; een braakliggende kavel direct achter de befaamde Whitechapel Gallery biedt de ruimte om een voormalige steeg opnieuw open te stellen. Hieraan worden verschillende woningtypologieën gekoppeld en krijgt de blinde gevel van de gallery een informele entree, café en een etalage voor het exposeren van werk van lokale kunstenaars. *Collage of Whitechapel Gallery Courtyard; a vacant lot directly behind the famous Whitechapel Gallery creates the space to reinstate a former alleyway, linked to which is an assortment of dwelling types. The blank wall of the gallery gets an informal entrance, a café and a display window for exhibiting work by local artists.*

Schetsen van mogelijke ontwikkelingen van drie uiteenlopende locaties die verschillen in morfologie, bebouwingstypologie, programma en eigendomssituatie. *Sketches of possible developments on three wide-ranging sites that differ in morphology, development type, programme and ownership situation.*

Juryrapport

Met een ontwikkelingsstrategie voor het kleinschalige stedelijk gebied direct grenzend aan de City van Londen presenteert de ontwerpster een goed contemporain concept voor de aanpak van dergelijke gebieden. Op de gekozen locaties worden de principes van kleinschaligheid en functiemenging op adequate wijze ingezet. Het is de bedoeling om het karakter van de kwetsbare waardevolle buurt te behouden en te beschermen tegen de grootschalige aanpak van projectontwikkelaars zoals die in omliggende wijken plaatsvindt. De alternatieve strategie is gebaseerd op intensivering door middel van kleinschalige ontwikkelingslocaties als braakliggende kavels, parkeerterreinen en restruimtes. De voorgestelde strategie is logisch, compleet, vriendelijk en biedt een goed uitgangspunt voor het bereiken van het gestelde doel. Het is echter onvoldoende duidelijk hoe een en ander kan worden bereikt en welke rol daarbij voor de bewoners zelf weggelegd is. De ontworpen voorbeelduitwerkingen zijn minder overtuigend omdat ze de beoogde ruimtelijke kwaliteiten waarmee de buurt haar hoogwaardige ruimtelijkheid kan bewaren of liefst versterken ontberen.

Juryreport

With this development strategy for a small-scale urban area directly abutting the City in London, the designer presents a solid, up-to-date concept for tackling such areas. The principles of a mix of functions and the small scale are deployed effectively at the sites in question. The intention is to retain the character of the vulnerable and valuable neighbourhood and protect it against the large-scale assault of property developers taking place in the surrounding areas. The alternative strategy is based on intensifying the neighbourhood using such small-scale development sites as vacant lots, car parks and leftover space. The proposed strategy is logical, complete and sympathetic and offers a good departure-point for attaining the stated aims. However, it is not entirely clear how such matters are to be achieved and what role the residents themselves are expected to play. The designed examples are less convincing in that they lack the desired spatial qualities that would allow the neighbourhood to preserve its high-grade spatiality or, preferably, strengthen it.

Les cours Balteau een hedendaagse interpretatie van de vernaculaire architectuur. *A contemporary interpretation of vernacular architecture.*

Ontwerp voor hedendaagse traditionele woningbouw op het oude fabrieksterrein Balteau, een binnenstedelijke locatie in Luik. *Design for contemporary traditional housing on what used to be the Balteau factory grounds, an inner-urban site in Liège.*

Thorsten Schneider

OPLEIDING *PLACE OF EDUCATION*
TU Eindhoven
STUDIERICHTING *SPECIALIZATION*
Architectuur *Architecture*
MENTOREN *TUTORS*
René van Zuuk, Ralph Brodrück, Jacob Voorthuis, Sjef van Hoof
CONTACT *CONTACT*
Gheert van Calcarplein 2,
5212 RN 'S-Hertogenbosch
schneider.thorsten@gmail.com

LES COURS BALTEAU

THORSTEN SCHNEIDER

GEDEELDE TWEEDE PRIJS SHARED SECOND PRIZE

Les cours Balteau

een hedendaagse interpretatie van de vernaculaire architectuur

Thorsten Schneider

Gedreven door een persoonlijke fascinatie en daarnaast ook door de kwaliteiten van de vernaculaire oftewel traditionele architectuur, rees voor mij de vraag hoe een hedendaagse interpretatie van de vernaculaire architectuur eruit zou zien als men de historische vormen niet simpelweg zou kopiëren.

Het ontwerp wordt voorafgegaan door een theoretisch onderzoek. In het eerste deel van het onderzoek is naar de structuur van ongeplande nederzettingen gekeken met behulp van nieuwe computertechnieken en vanuit de invalshoek van de biologie. Kenmerkend voor de vernaculaire nederzettingen is het ontbreken van een overkoepelend ontwerp. Bewoners passen steeds weer hetzelfde proces van het bouwen van een huis toe op een specifieke locatie. Daarbij hebben aspecten als materiaal en locatie invloed op de uiteindelijke vorm van het huis. Vernaculaire nederzettingen beschikken daardoor over een hoge mate van coherentie zonder eentonig te zijn.

De vernaculaire architectuur heeft zich door de eeuwen heen gekenmerkt door haar ideale aanpassing aan mens en gebruik. Dit was aanleiding om in het tweede deel van het onderzoek te zoeken naar de aard van ons hedendaagse wonen. De nieuwe ontwikkeling dat mensen in toenemende mate 'samen alleen' willen wonen, is meegenomen in het ontwerp. Er is behoefte aan privacy, maar ook aan saamhorigheid. Daarnaast geldt dat mensen zich ondanks onze globaliserende wereld nog steeds binden aan een lokale identiteit. Daarom is in het ontwerp getracht om 'lokaal' te bouwen. Dat betekent niet simpelweg de omgeving kopiëren, maar het lokale karakter vrij te interpreteren.

Als case-study maakte ik een ontwerp voor het oude fabrieksterrein Balteau binnen een bouwblok te Luik. De vele kleine steegjes en hofjes in Luik waren aanleiding om op de planlocatie een kleine stad in de stad te realiseren. Daarnaast hebben andere aspecten als textuur en sfeer invloed gehad op de detaillering en materialisering van het ontwerp.

Het stedenbouwkundig plan is niet ontworpen vanuit een overkoepelende vorm. Er is voor elke situatie gezocht naar een passende oplossing. Door het ontwerp steeds verder te verfijnen is de uiteindelijke vorm als het ware geëvolueerd. De grillig verspringende rooilijnen reageren op de eveneens verspringende achterkanten van de omliggende be-

Ontworpen vanuit de kleinste elementen, de huizen, voegt zich het stedenbouwkundig plan in de locatie, rond een centrale 'stadsoase' ontsluiten verhoogde wegen de bovenwoningen. *Designed in terms of the smallest elements, the houses, the urban plan slips into site with elevated roads accessing the upper dwellings about a central 'urban oasis'.*

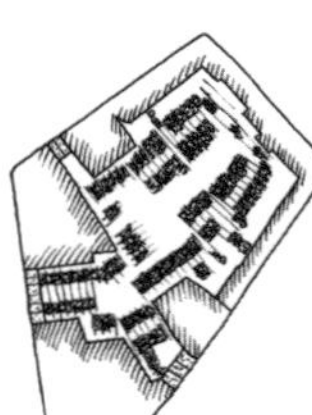

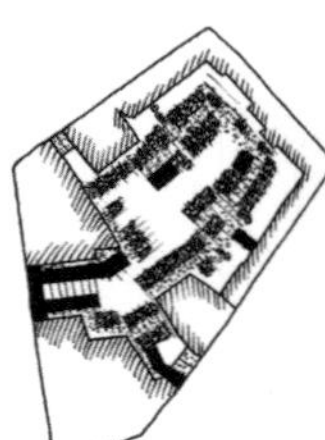

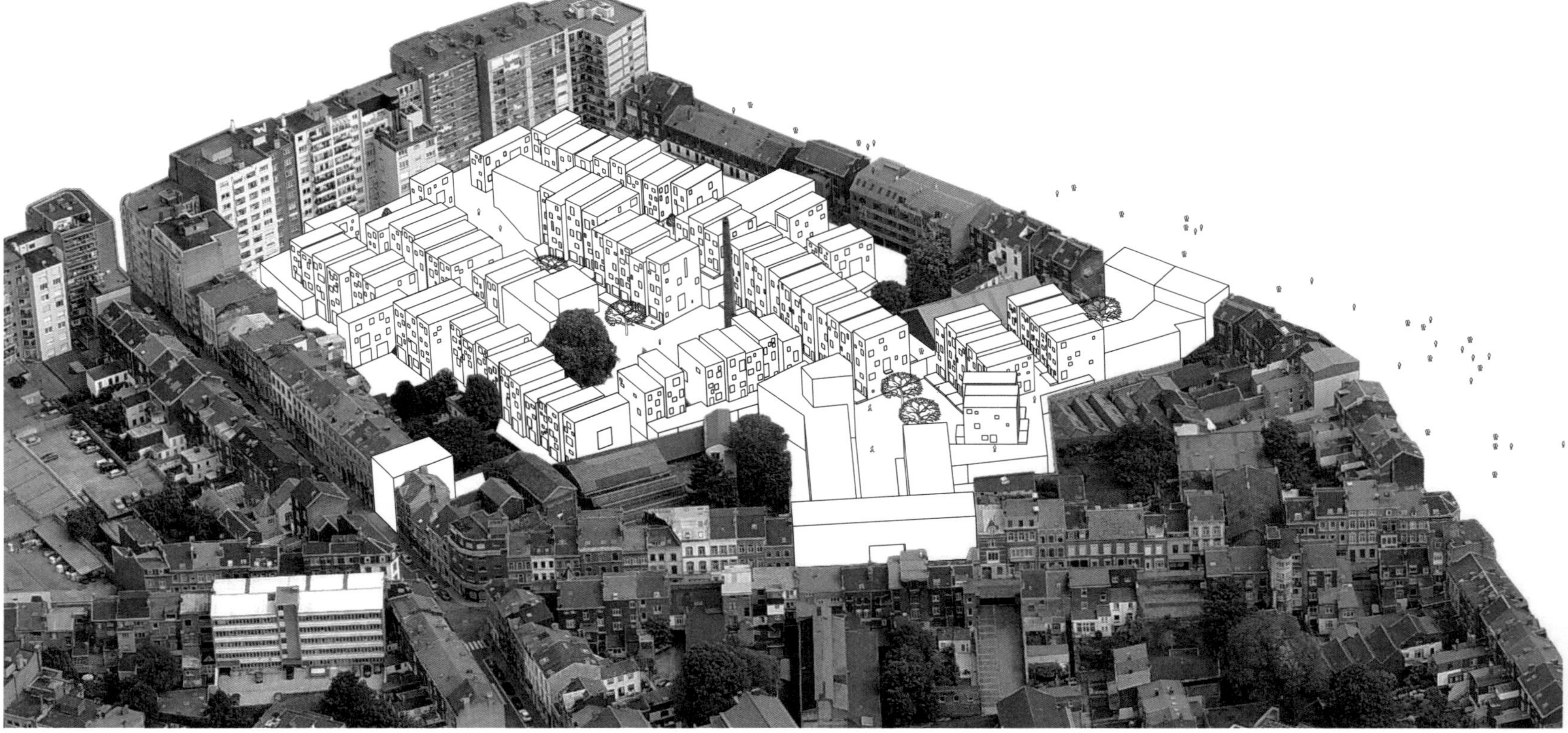

bouwing. Een gedeelte van het maaiveld is opgetild. Mede daardoor ontstaat er een rijk stadsweefsel met pleintjes, hoger gelegen ontsluitingsweggetjes en een centrale stadstuin, de stadsoase.
Voor het stedenbouwkundig ontwerp werd een genotype huis ontwikkeld dat op verschillende plekken op de locatie gesitueerd kan worden. Door de huizen 'rekbaar' te maken kunnen zij zich inpassen in de situatie en krijgen zij individuele trekken. De individualiteit van de woningen wordt versterkt door de vrije plaatsing van de ramen. Deze zorgen voor een intiem spel tussen het huis en de omgeving. Slechts details van de omgeving, ruimtes en bewoners worden door de ramen getoond.
De woningen zijn verticaal ontworpen zodat elke woning contact heeft met de openbare ruimte. Aan de stadsoase zorgt een ommuurde voortuin voor voldoende afstand terwijl op de intieme, verhoogde weggetjes een kleine vlonder als buffer functioneert tussen privé en openbaar.
De organisatie van het huis sluit aan bij de wens om 'samen alleen' te wonen. Rond een centrale hal zijn kleinere ruimtes geplaatst zodat bewoners zich gemakkelijk terug kunnen trekken maar ook deel kunnen nemen aan het familiaire toneel. Ramen en deuren zorgen voor een reguleerbare verbinding tussen de ruimtes. Door het toepassen van kleine hoogteverschillen worden de ruimtes gedifferentieerd en wordt de beleving verrijkt. De lichttoetreding en het klimaat in de woning zijn per ruimte individueel te regelen.
Kenmerkend voor de vernaculaire architectuur is dat deze zich niet laat reduceren tot één aspect. Veel aspecten zoals klimaat, cultuur en materialen hebben invloed op de uiteindelijke vorm. Daarom is er in het onderzoek naar gestreefd om de vernaculaire architectuur vanuit een veeltal invalshoeken te benaderen. De uitkomsten van het onderzoek hebben geleid tot mijn interpretatie van de vernaculaire architectuur: Les cours Balteau.

Doorsnede boven- en benedenwoning, ontworpen rond een centrale hal. *Section through upstairs and downstairs dwellings, designed about a central hall.*

1 buitenkamer *open-air room*
2 badkamer *bathroom*
3 slaapkamer *bedroom*
4 zitkamer *living room*
5 hal *hall*
6 keuken / entree / WC *kitchen / entrance / WC*
7 werkkamer *workroom*

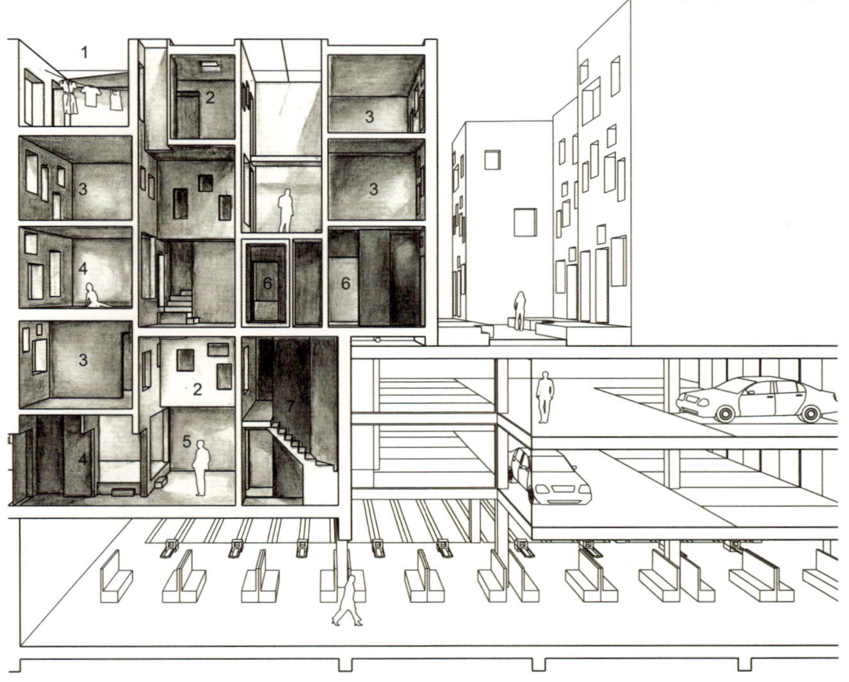

Impressie van de centrale 'stadsoase' met fragmenten van de oude fabriek Balteau.
Impression of the central 'urban oasis' with fragments of the old Balteau factory.

Les cours Balteau

A contemporary interpretation of vernacular architecture.
Thorsten Schneider

Driven by a personal fascination and by the qualities of vernacular or traditional architecture, I found myself confronted with the question of what a contemporary interpretation of vernacular architecture would look like if the old forms were not simply copied.
The design was preceded by a theoretical study. Its first part looks at the structure of unplanned settlements aided by new computer techniques and from the perspective of biology. Typical of vernacular settlements is the lack of an overarching design. It's all about building a particular house on a particular site. Such aspects as materials and locality influence the way the house will look. Thus vernacular settlements boast a high degree of cohesion without looking monotonous.
Over the centuries, vernacular architecture has been marked by its ideal attunement to people and practice. This was what prompted me to examine in the second part of the study the nature of present-day domesticity. The new trend among homeowners of increasingly wanting to live 'alone together' is taken up in the design. There is a need for privacy but also for togetherness. In addition it is so that people still set great store in a local identity despite our globalizing world. This is why the design seeks to build 'in the local manner'. This does not simply mean copying the surroundings but freely interpreting the local character.
As a case-study I made a design for the former Balteau factory grounds within a city block in Liège. It was the many small alleyways and residential courts in Liège that prompted me to realize a small city-within-the-city at the chosen site. Texture and ambience were among other aspects to influence the design's detailing and material form.
The urban plan was not designed in terms of an overarching form but addresses each situation individually. The design's final form evolved, so to speak, by continually refining it. Building lines jumping in all directions respond to the equally haphazard rear sides of the surrounding development. Part of the ground level has been lifted into space. This has helped produce a rich urban fabric with small plazas, higher-lying access roads and a public garden, the 'urban oasis'.
A genotypical house was developed for the urban design that can be embedded at various places on site. By making the houses 'stretchable'

they can integrate into site and take on individual traits. This individuality is enhanced by the free placement of windows, so that the house plays an intimate game with its surroundings, with only details of the surroundings, rooms and residents discernible through them.

The dwellings are designed vertically so that each has contact with the public realm. Each has a walled front garden separating it from the urban oasis and a small duckboard along the intimate elevated roads as a buffer between public and private. The house's internal arrangement honours the prevalent wish to live 'alone together'. Smaller spaces about a central hall are there for residents to withdraw to, yet also be able to join in family matters. Windows and doors provide a regulable connection between the spaces. Small differences in height particularize the spaces and enrich the experience. Both the natural lighting and the climate can be individually regulated in each room.

Typical of vernacular architecture is that it is impossible to reduce it to one aspect. Many aspects such as climate, culture and materials preside over the final form. This is why my study sought to approach vernacular architecture from many angles. The outcomes led to my take on vernacular architecture: Les cours Balteau.

Impressie van een verhoogde ontsluitingsweg.
Impression of an elevated access road.

Zowel in het onderzoek als in het ontwerp is meegenomen dat de vernaculaire architectuur gevormd wordt door een veelheid van invloeden.
Both research and design take account of the fact that vernacular architecture is shaped by a profusion of influences.

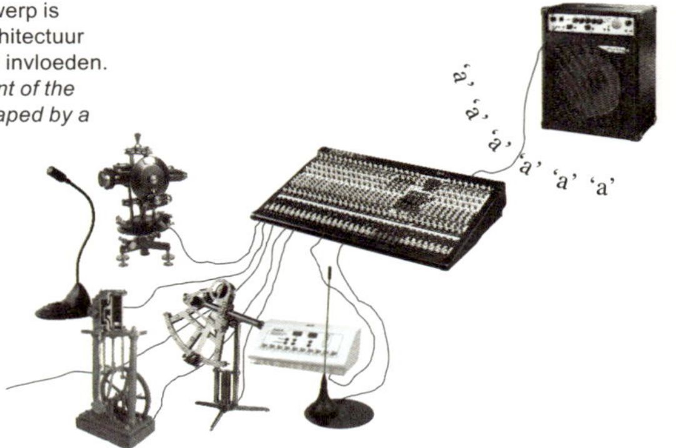

Zicht vanuit de woonkamer op de 'stadsoase'.
View from living room of 'urban oasis'.

Juryrapport

Het ontwerp voor de invulling van een binnenstedelijk bouwblok in Luik wordt voorafgegaan door een overtuigend en goed onderbouwd pleidooi voor een nieuwe lokaalgebonden architectuur. Het plan stelt een interessant onderwerp aan de orde. Bouwen in de bestaande context is een belangrijke opgave die snel terrein wint ten opzichte van grootschalige nieuwbouw. Het ontwikkelen van passende strategieën voor de aanpak van dergelijke opgaven is daarom relevant. De ontwerper pakt de mooie opgave grondig aan. In het onderzoek passeert een veelheid aan aspecten de revue die vervolgens als inspiratiebron dienen voor het ontwerp. De jury heeft veel waardering voor de ruime blik en de intelligente insteken waarmee de ontwerper de opgave tegemoet treedt. Het indrukwekkende onderzoek wordt gepresenteerd in een subliem boekwerkje. Het plan wordt vervolgens tot in detail uitgewerkt op het stedenbouwkundig niveau en het niveau van een huis, beide gepresenteerd in een fraaie maquette. Het poëtische ontwerp sluit goed aan bij de context, elke ontwerpingreep wordt goed beredeneerd. Het op zichzelf intrigerende ontwerp is als resultaat van een generieke strategie erg specifiek. Het in één keer ontworpen plan heeft desondanks het karakter van een door de jaren gegroeide structuur en blijft daardoor tot op zekere hoogte een anomalie. Een raamwerk met spelregels op basis waarvan de beoogde vrijheid in de praktijk gestalte kan krijgen ontbreekt. De vernaculaire architectuur blijkt een goed uitgangspunt te vormen voor de aanpak van dit type opgaven.

Jury report

A convincing and well-grounded argument for a new local architecture precedes the design for an infill in an inner-urban block in Liège. The project raises an interesting subject. Building in an existing context is an important brief that is rapidly taking over from large-scale new-build. So it is relevant to develop appropriate strategies to address such briefs. The designer tackles this admirable task thoroughly. A whole raft of aspects feature in the study and subsequently serve as a source of inspiration for the design. The jury is most impressed by the designer's broad outlook and intelligent tactics in addressing the task. The imposing study is presented in a ravishingly turned-out book. The project is then worked up in detail contextually and as a house, both presented in an exquisite model. The poetic design accords well with the context, each intervention being well-reasoned. An intriguing design in itself, it is rather too specific for the outcome of a generic strategy. Although designed in one piece, its character is that of a structure that has grown over the years and therefore remains something of an anomaly. It lacks a framework with rules of play that would give shape to the intended freedom in practice. That said, the vernacular architecture proves an admirable stepping-off point from which to address briefs of this nature.

Deventer Reloaded

Inbreiden in plaats van uitbreiden! Ontwerp en strategie voor de verstedelijking van het Deventer werkgebied door middel van het programmatisch en ruimtelijk verbinden, vervlechten en verdichten van het gebied. *Filling-in instead of filling-out! A design and strategy for urbanizing Deventer's work zone by programmatically and spatially uniting, interweaving and consolidating the area.*

Gregor van Lit

OPLEIDING *PLACE OF EDUCATION*
AvB Amsterdam
STUDIERICHTING *SPECIALIZATION*
Stedenbouw *Urban Design*
MENTOREN *TUTORS*
Ad de Bont, Roy Bijhouwer, Bruno Doedens
CONTACT *CONTACT*
Korenbloemstraat 31, 3551 GM Utrecht
gregorvanlit@gmail.com

DEVENTER RELOADED

GREGOR VAN LIT

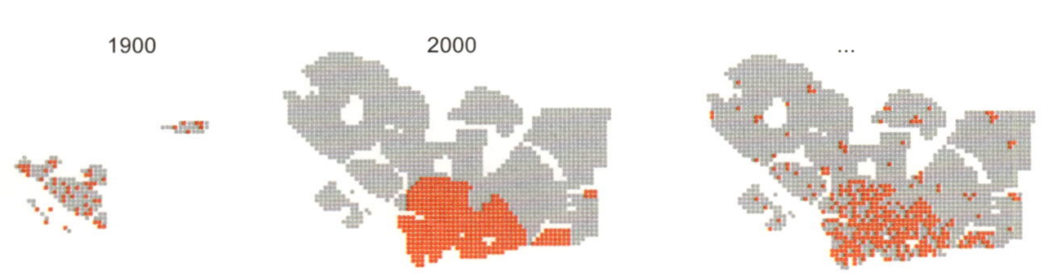

Inbreiden in plaats van uitbreiden: IJssel, Uiterwaarden, Binnenstad. *Filling-in instead of filling-out: river IJssel, water meadows, inner city.*

Deventer Reloaded
Gregor van Lit

Begin jaren twintig van de vorige eeuw realiseerde Deventer een industrie-bedrijventerrein dat sindsdien explosief gegroeid is tot een grootte van circa 400 hectare, vier keer de omvang van de binnenstad. Het werkgebied wordt momenteel uitgebreid met een bedrijvenpark van 120 hectare (waarvan 60ha. uitgeefbaar) aan de zuidzijde van de A1. Naar mijn mening is er nog genoeg onbebouwde ruimte (circa 190 hectare) binnen het huidige areaal. Het vergt alleen meer energie, inspanning en planning om dit gebied te verdichten. Daarnaast ben ik van mening dat bedrijven niet meer in monofunctionele werkgebieden langs snelwegen willen zitten, maar op zoek zijn naar een meer dynamische en levendige omgeving.
Op basis van deze overwegingen heb ik een nieuwe visie ontwikkeld voor het Deventer werkgebied met als doel het realiseren van een dynamische plek waar men werkt, woont, leeft en recreëert. Dit wordt bereikt door het herzoneren en het verruimen van de programmatische mogelijkheden, gekoppeld aan het benutten en versterken van de ruimtelijke dragers. Dit inbreiden heeft onder andere een positief gevolg voor het behoud van het landschap, het bevordert daarnaast efficiënt ruimtegebruik en voor de aanwezige bedrijven blijft het aantrekkelijk om in het gebied te blijven. Inbreiding zorgt ervoor dat het huidige bedrijventerrein één ruimtelijk cluster blijft en er geen versnippering optreedt.
Bij de herzonering gaat het om het vereenvoudigen van de traditionele functieverdeling van kantoren, bedrijven, zware industrie, e.d. Daarnaast leidt het verruimen van de programmatische mogelijkheden tot functiemenging. De nieuwe zonering van het werkgebied is gekoppeld aan de ruimtelijke dragers. Het werkgebied wordt verbonden en vervlochten met de stad en het landschap. Daarbij wordt gebruik gemaakt van de nabije ligging van het historische centrum en het waternetwerk van De IJssel, Schipbeek, de kolken en havenarmen.

De bottum-up strategie voor het ontwerp Deventer Reloaded is gebaseerd op het geven van ruimtelijke en programmatische impulsen op strategische locaties en het streven naar geleidelijke ontwikkeling. Deze strategie heeft bovendien een positief spin-off effect op de omgeving.

Vogelvlucht visiekaart. *Aerial view vision map.*

Deventer Reloaded

Gregor van Lit

At the start of the 1920s Deventer established an industrial and business estate that has grown dramatically since then to some 400 hectares, four times the size of Deventer's inner city. At present this work zone is being enlarged with a business park of 120 hectares, of which 60 are saleable, along the south side of the A1. I feel there is enough space left unbuilt, some 190 hectares, within the zone as it stands. It merely requires more energy, effort and planning to consolidate it. I also feel that companies no longer wish to occupy monofunctional parks along motorways but seek a more dynamic and vibrant setting. Armed with these deliberations, I developed a new concept for the Deventer work zone with the aim of creating a dynamic place given over to working, dwelling, living and leisure. This I achieved by rezoning and expanding the programmatic potential in conjunction with mobilizing and enhancing the spatial supports. This strategy of filling-in has a positive effect on conservation of the landscape, it advances a more efficient use of space and keeps it worthwhile for the companies domiciled there. Filling-in sees to it that the existing business estates remain as a single spatial cluster and that there is no fragmentation. The rezoning component is all about simplifying the traditional division into offices, companies, heavy industry and the like. Expanding the programmatic potential for its part leads to a mix of functions. The new zoning of the work zone is hitched to the spatial supports. The work zone in turn is united and interwoven with the city and the landscape, exploiting the proximity of the old town centre and the water network of the river IJssel, its tributary the Schipbeek, the lock chambers and harbour arms.

The bottom-up strategy for Deventer Reloaded is based on giving spatial and programmatic boosts at strategic places and on striving for a gradual development. It also has a positive spin-off effect on its surroundings.

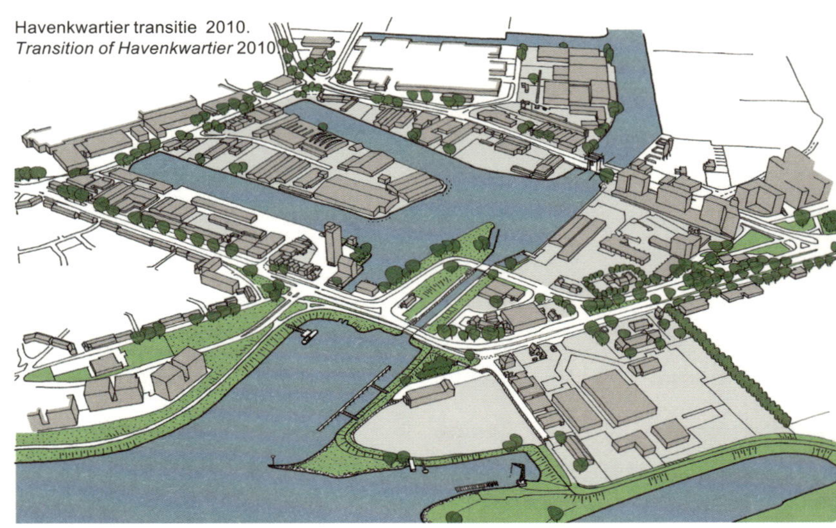

Havenkwartier transitie 2010.
Transition of Havenkwartier 2010.

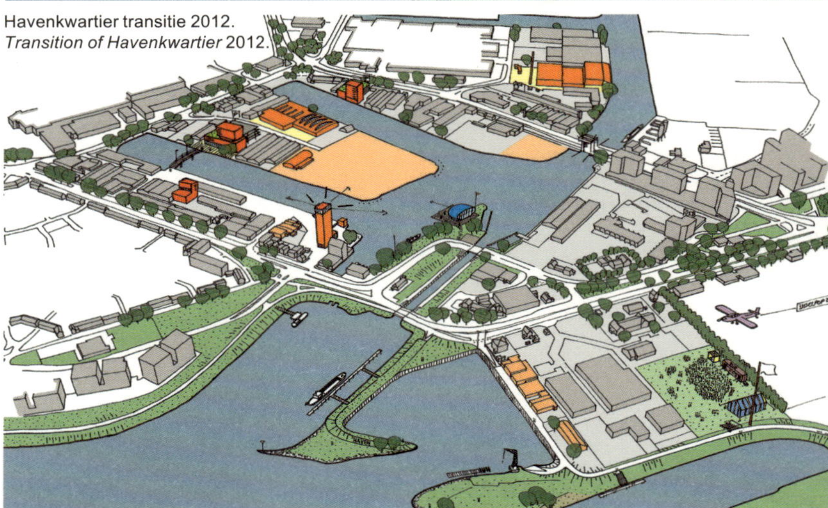

Havenkwartier transitie 2012.
Transition of Havenkwartier 2012.

landschap en parken omgeving *landscape and parks round about*
bebouwing omgeving *buildings round about*
water
bebouwing bedrijventerrein *buildings on industrial estate*
kavels (eigen terrein) *plots (own grounds)*
nieuwe bebouwing *new buildings*
hergebruik bestaande bebouwing *reuse of existing buildings*
nieuw ingericht landschap, parken *newly laid-out landscape and parks*
bomen *trees*
bruggen (vast en beweegbaar) *bridges (fixed and moveable)*
rietkragen *reed fringes*
openbare ruimte, routes *public space and routes*
sport- en recreatievelden *sports and recreation fields*
gemeenschappelijke parkeergarage *shared indoor car park*
haven *harbour*
windmolens *windmills*
boten *boats*

Impulsen start 2011. *Spurs to starting in 2011.*

1. vrij maken kavel Pontmeyer + ontwikkeling starten op gemeente grond en aanleggen openbaar toegankelijke oevers. *Free the Pontmeyer plot + start developing on municipal land and create publicly accessible river banks.*
2. gasfabriekterrein als evenemententerrein + aanleggen dijkroutes. *Convert gasworks site into field for public events + construct dyke routes.*
3. start met aanleg 'groene longen' en duurzame energie-bronnen. *Start laying out 'green lungs' and sources of sustainable energy.*
4. oude zuivelfabriek herontwikkelen als cultuurfabriek. *Redevelop former dairy factory as a culture factory.*
5. stadsontsluiting continue maken (overal minimaal 2x2 rijstroken). *Make city continuously accessible (at least 2 x 2 carriageways everywhere)*
6. nieuwe entree t.b.v. betere bereikbaarheid zuidoost-zijde. *Provide new entrance to make south-east side easier to reach.*
7. graven en aanleggen plezierhaven. *Dig and lay out pleasure harbour.*

Geleidelijke ontwikkeling 2025. *Gradual development 2025.*

Geleidelijke ontwikkeling 2040 en verder. *Gradual development 2040 and further.*

Havenkwartier transitie 2017. *Transition of Havenkwartier* 2017.

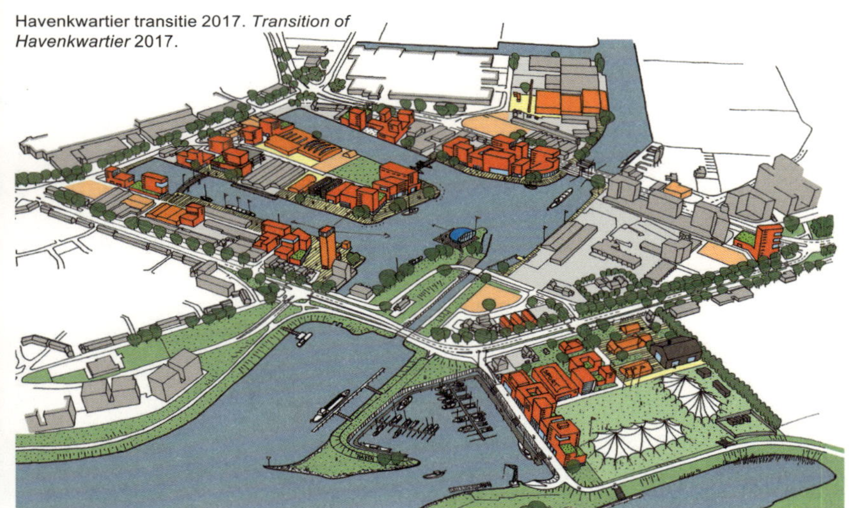

Havenkwartier transitie 2026. *Transition of Havenkwartier* 2026.

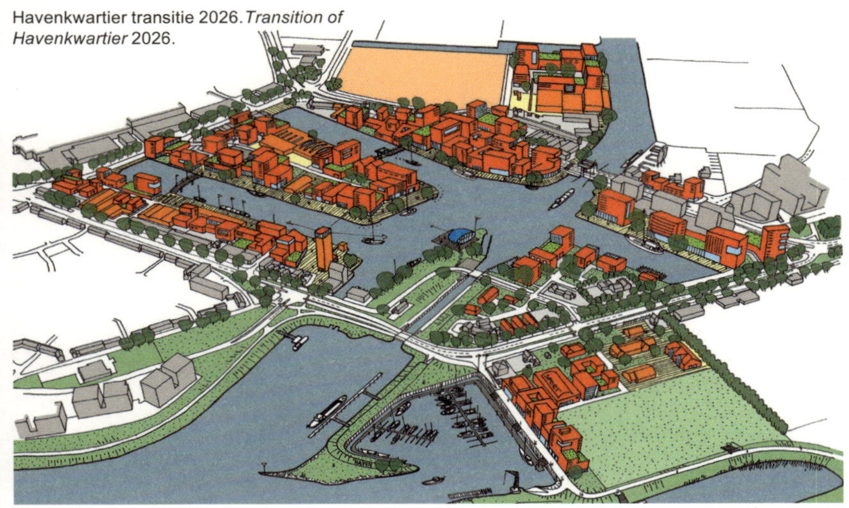

Juryrapport
De opgave bestaat uit de verdichting en diversificatie van bestaande bedrijfsterreinen in Deventer. Het doel is om daarmee een hoogwaardiger milieu te creëren, de stad compact te houden en bovendien natuur te sparen. De opgave is actueel en relevant. In de praktijk blijkt het erg lastig om interessante oplossingen te realiseren voor vergelijkbare opgaven. Zelfs in steden als Rotterdam waar dezelfde ambitie bestaat en de omstandigheden relatief gunstig zijn blijkt de praktijk weerbarstig. Het plan voor Deventer blijft te schematisch en te braaf om het gestelde doel op overtuigende wijze te bereiken. Hoewel het helder gepresenteerde plan op zich goede ideeën bevat en logische voorstellen doet wordt het op cruciale punten niet duidelijk genoeg. Zo wordt niet aangetoond dat de geleidelijke ontwikkeling genoeg dynamiek oplevert om in de verschillende ontwikkelingsstadia interessante milieus op te leveren.

Jury report
The self-imposed brief is to consolidate and diversify existing industrial estates in Deventer. This is to enhance the environment, keep the city compact and, not least, spare the natural surroundings. The brief is topical and relevant although in practice it proves an uphill struggle to find interesting solutions to comparable tasks. This is so even in a city such as Rotterdam which has this same ambition and where the circumstances are relatively favourable. The project for Deventer is too rudimentary and too meek to attain the stated aim with any conviction. Although the clearly presented plan has some good ideas and makes logical proposals it lacks clarity on crucial points. For example, it fails to show how the gradual development manages to create a sufficient dynamic to produce interesting environments during the successive stages.

HET DIJK PLATEAU

WOLBERT VAN DIJK

Het Dijkplateau Het Deltalandschap als schakel tussen stad en rivier. *The Dyke Platform: The delta landscape as a link between city and river.*

De primaire waterkering is ontworpen als een Dijkplateau met een veelzijdig stedelijk Deltalandschap op de rechter Maasoever tussen Rotterdam en Hoek van Holland. *The primary flood defence designed as a dyke platform with a versatile urban delta landscape on the right bank of the river Maas between Rotterdam and Hook of Holland .*

Wolbert van Dijk

OPLEIDING *PLACE OF EDUCATION*
AvB Rotterdam
STUDIERICHTING *SPECIALIZATION*
Stedenbouw *Urban Design*
MENTOREN *TUTORS*
Han Meyer, Han van den Born, Dennis Moet, Jeroen de Willigen
CONTACT *CONTACT*
Bloemkwekersstraat 125, 3014 PA Rotterdam
info@wolbertvandijk.eu

Het Dijkplateau als robuust Deltalandschap dat zich uitstrekt van Rotterdam tot aan Hoek van Holland. *The Dyke Platform as a sturdy Delta landscape extending from Rotterdam to Hook of Holland.*

Het Dijkplateau
Het Deltalandschap als schakel tussen stad en rivier
Wolbert van Dijk

Een open Zuidwestelijke Hollandse Delta met een blijvende waterverbinding van de Nieuwe Waterweg met de Noordzee heeft als consequentie dat de bestaande waterkeringen opgehoogd moeten worden om de veiligheid te waarborgen. De strategie in dit ontwerp bestaat uit het koppelen van de Delta investeringen voor de versterking van de dijken aan het opheffen van de ruimtelijke knelpunten in de regio. De investeringen bieden de regio een kans om zowel bestaande barrières in de steden op te heffen als interessante waterfronten te ontwikkelen met daarin een verscheidenheid aan woongebieden, bedrijven en natuur- en recreatiegebieden. In dit onderzoek wordt de primaire waterkering niet meer gezien als een autonoom civieltechnisch onderwerp, maar als uitgangspunt voor de toekomstige stedenbouwkundige opgaven van watersteden. Het koppelen van stedenbouw, landschapsarchitectuur en veiligheid levert op de rechter Maasoever een Deltalandschap op met nieuwe leefomgevingen die de schakel vormen tussen de steden en de rivier.

Om dit te bereiken wordt het enkel ophogen van de bestaande primaire dijk losgelaten. Het credo wordt 'Van monotone dijk, naar het Dijkplateau als grondplan voor een gevarieerd Deltalandschap'. Dit landschap fungeert als brede, veilige Deltadijk. Het schakelt de stad aan de rivier door in te zetten op goede ruimtelijke verbindingen en deze te koppelen aan continue routes langs de rivier, op de rivier en naar de rivier.

Het Dijkplateau bestaat uit verschillende niveaus, ook wel treden genoemd. Door deze differentiate ontstaat variatie in landschapstypen en inrichtingsmogelijkheden. Sommige treden worden verlaagd om zo meer ruimte te krijgen voor de rivieren in tijden van hoge waterstanden. Om de veiligheid te waarborgen verbindt een doorgaande hoogtelijn van 6.20 + NAP met variabele breedte de reeks van treden met elkaar tot één landschap. De treden binnen het Dijkplateau worden afgestemd op de Rijnmondse geomorfologie van de bodem. Het genetisch materiaal van de bodem laat van oudsher een verscheidenheid aan hoogteverschillen zien, oplopend van 2,80 tot aan 3.60 meter +NAP. Deze hoogtes zijn ontstaan door natuurlijke sedimentatie van de rivier. Door mechanische ophoging van de havengebieden

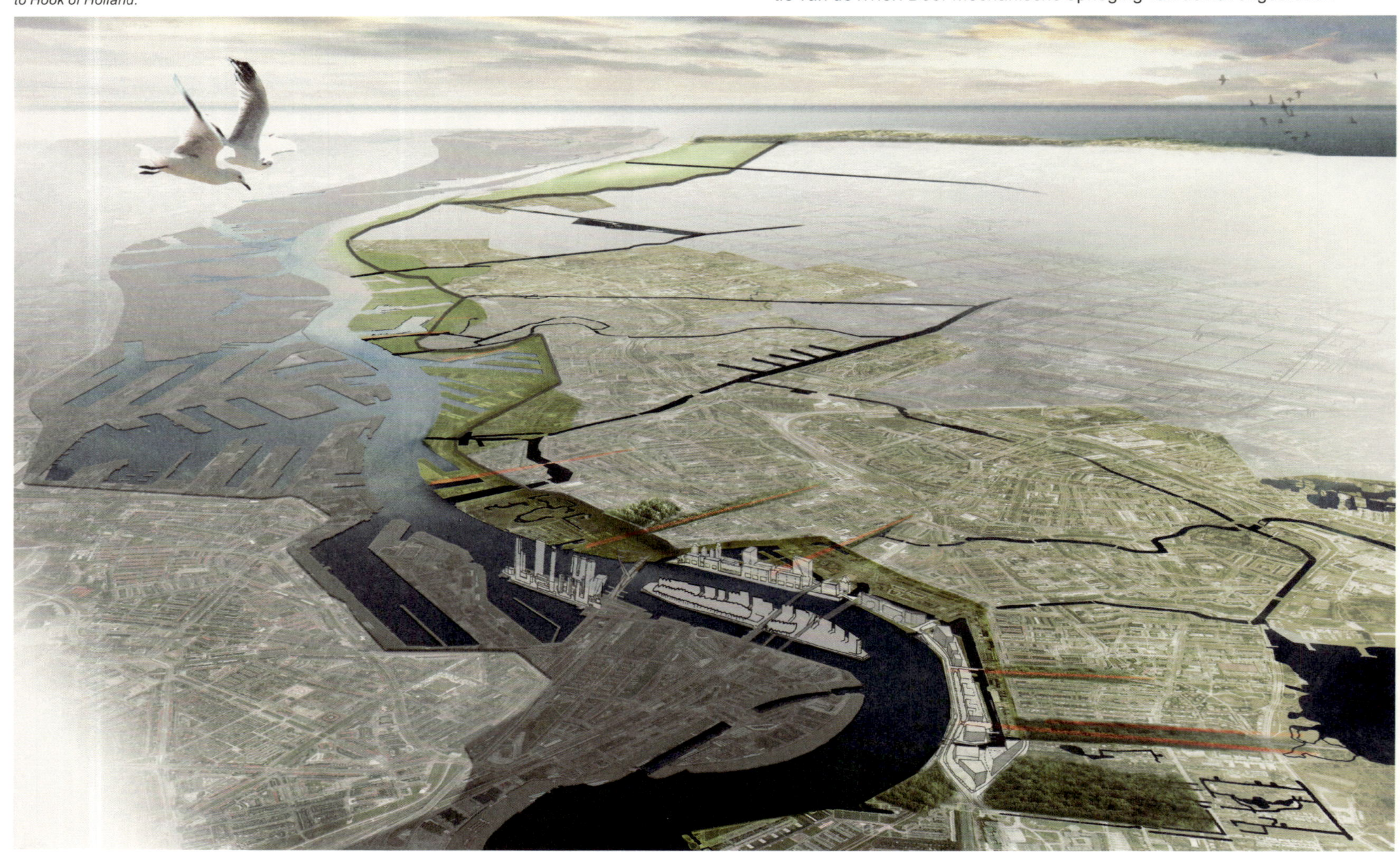

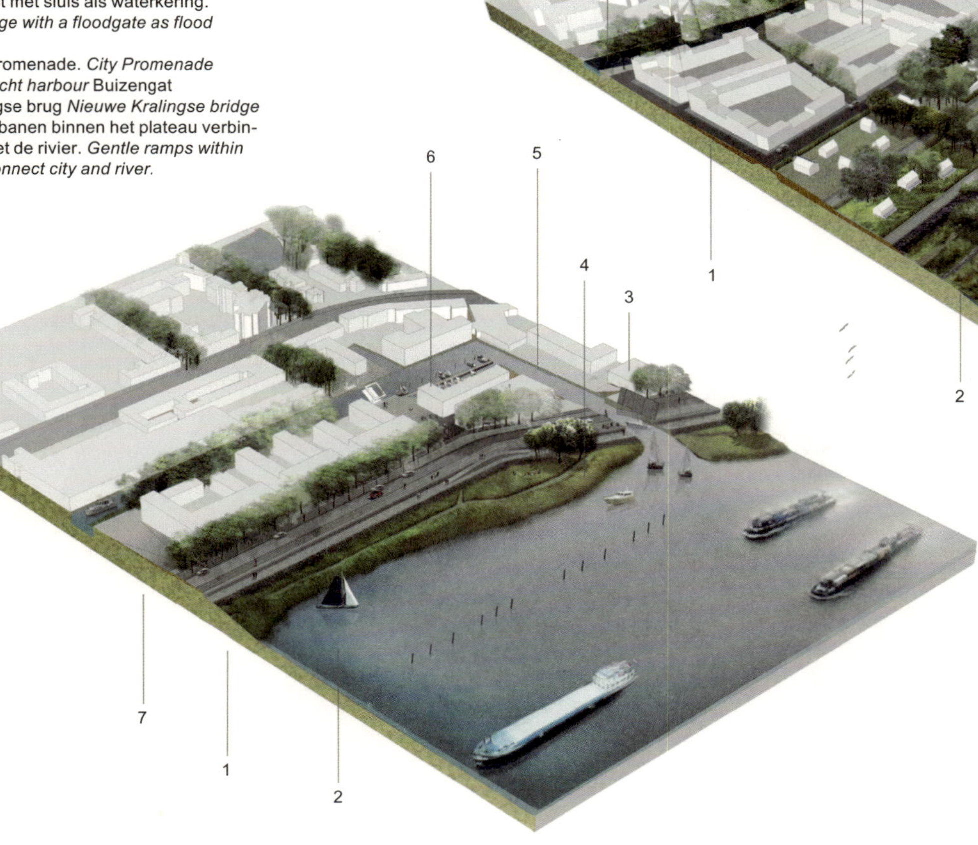

Het te betreden Deltalandschap bij het Buizengat Rotterdam. *The proposed Delta landscape at Buizengat inner harbour in Rotterdam.*

1. Compacte Maasboulevard. *Compact Maas boulevard.*
2. Groene oevers met recreatief medegebruik. *Green banks with a recreational component.*
3. Brug Buizengat met sluis als waterkering. *Buizengat bridge with a floodgate as flood defence.*
4. Stadswandelpromenade. *City Promenade*
5. Jachthaven *yacht harbour* Buizengat
6. Nieuwe Kralingse brug *Nieuwe Kralingse bridge*
7. Flauwe hellingbanen binnen het plateau verbinden de stad met de rivier. *Gentle ramps within the platform connect city and river.*

Het te betreden Deltalandschap bij Lommerrijk Schiedam. *The proposed Delta landscape at Tree-shaded Schiedam.*

1. Hellingbanen verbinden de stad met de rivier. *Ramps connect the city with the river.*
2. Routes langs de natuurlijke oevers van de rivier. *Routes along the natural banks of the river.*
3. Natuurlijke oevers met getijden invloed. *Natural banks with tidal influence.*
4. Lommerrijke woonbuurt aan de oevers van de rivier. *Leafy residential area on the river banks.*
5. Schiewijk, nieuwe stadswijk. *Schiewijk, a new city district.*
6. Historische Schie hersteld. *Historic Schie restored.*

en de primaire waterkering tot 5.40 meter +NAP zijn meerdere treden van verschillende hoogte ontstaan. Met het verbreden en daarmee ook versterken van de waterkeringen worden het genetische materiaal en de mechanische ophogingen opnieuw gedefinieerd en met elkaar gekoppeld tot een brede veilige Deltadijk. De hoogteverschillen van de treden resulteren in een openbare ruimte bestaande uit bossen, uiterwaarden, parken, stenige kades en flauwe oevers. Aan dit landschappelijke raamwerk worden nieuwe stedelijke milieus toegevoegd met een veelheid aan bebouwingstypes, dichtheden en programma's, gerelateerd aan de rivier én de stad. De gebieden worden onderling verbonden door routes op verschillende schaalniveaus zoals lokale en regionale wandel- en fietsroutes. Autorijden over het Dijkplateau wordt een attractie waarin panorama's over het rivierwater, de oevers, de steden en de nieuwe woonomgevingen elkaar afwisselen. De oude veenstromen en vaarten binnen het plateau vormen een waternetwerk dat de steden met de Maas verbindt. Op essentiële kruispunten bevinden zich sluizen, bruggen en jachthavens. Deze locaties spelen een hoofdrol binnen het Dijkplateau en vormen de spil van het recreatienetwerk.

The Dyke Platform

The delta landscape as a link between city and river

Wolbert van Dijk

One consequence of an open Southwestern Delta with a permanent navigable connection (Nieuwe Waterweg) with the North Sea is that the existing flood defences will need heightening. The strategy in this design consists of coupling Delta investments to strengthen the dykes with eradicating physical trouble spots in the region. The investments offer the region an opportunity to both raze existing barriers in the cities and develop dynamic waterfronts with a wealth of residential neighbourhoods, businesses, nature and recreation areas. In this study the primary flood defence is no longer regarded as an autonomous civil-engineering subject but as a stepping-off point for the future urban design challenges facing cities on the water. In hitching together urbanism, landscape architecture and safety, the right Maas bank acquires a Delta landscape with new living environments which forge a link between the cities and the river.

To achieve this means relinquishing the idea of merely raising the primary dyke. The slogan is 'From monotonous dyke to the Dyke Platform as ground plan for a varied Delta landscape'. This landsc ape acts as a broad, secure Delta dyke. It ties the city to the river by opting for strong physical connections and hitching these to continuous routes along, on and to the river.

The Dyke Platform consists of several levels or 'treads'. This differentiation creates variety in the types of landscape and in how these are fitted out. Some treads are lowered to give more room for the rivers in times of high water. In the interests of safety, an unbroken height line of 6.2 m +NAP and of variable width stitches the sequence of treads into a single landscape. The treads within the Dyke Platform are attuned to the geomorphology of the soil in the wider Rotterdam area. The soil's genetic material has always displayed an array of differences in height, ranging from 2.8 m up to 3.6 m +NAP, brought about by the river's natural sedimentation. Multiple treads of different height are created by mechanically raising the harbour areas and the primary flood defence to 5.4 m +NAP. By widening and thus also strengthening the flood defence structure the genetic material and mechanical heightenings are redefined and hitched together as a broad, secure Delta dyke. The differences in height between treads creates a public space consisting of woods, water meadows, parks, stone quays and gently sloping river banks. Added to this rural framework are new urban milieus with a welter of development types, densities and programmes related to the river and to the city. The areas are stitched together by routes at all scales including local and regional walking and cycling routes. Going for a drive across the Dyke Platform will be an attraction, with its succession of panoramic views of the river and its banks, the cities and the new residential surroundings. The old peat channels and waterways within the platform present a water network connecting the cities with the Maas. Floodgates, bridges and yacht harbours mark the key intersections. These sites figure prominently within the Dyke Platform and constitute the hub of the recreation network.

Uitzicht op de compacte stad vanaf de promenade, treden worden met elkaar verbonden door hellingbanen. *View of the compact city from the promenade with treads interconnected by ramps.*

Lommerijk Schiedam, wonen op de hoogste treden met aflopende treden naar de rivier. *Tree-shaded Schiedam, living on the topmost treads with others stepping down to the river.*

Ontwerp van verschillende treden. *Design of 'treads'.*

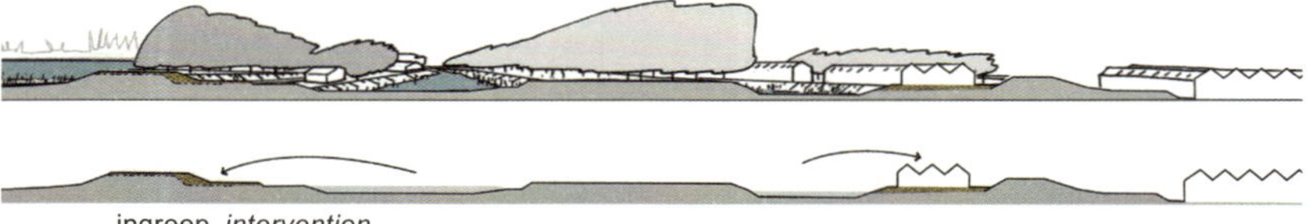

ingreep. *intervention.*

Landelijk recept: differentiatie aan treden met buffering van zoetwater en agrarisch medegebruik. *Rural formula: differentiation in treads with buffering of fresh water and an agricultural component.*

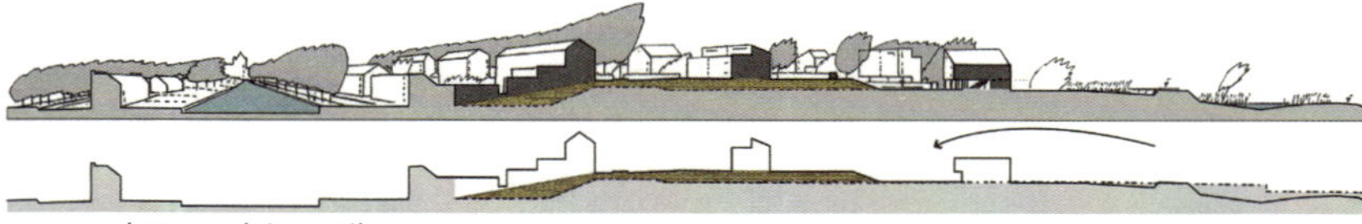

ingreep. *intervention.*

Suburbaan recept: wonen langs de oevers van de rivier met recreatief medegebruik. *Suburban formula: living along the river banks with a recreational component.*

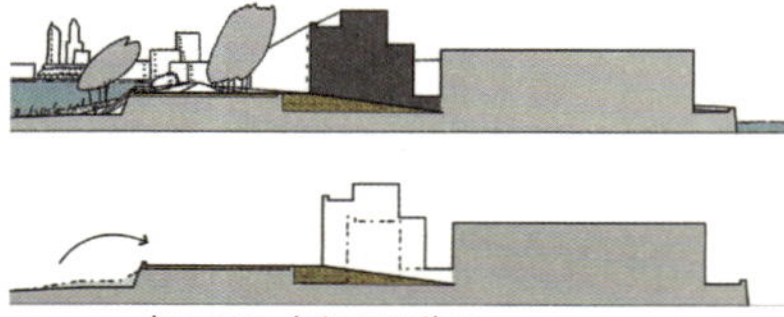

ingreep. *intervention.*

Urbaan recept: compacte stad met geïntegreerde hellingbanen. *Urban formula: compact city with integrated ramps.*

Juryrapport

Door de primaire waterkering langs de Nieuwe Waterweg tussen Rotterdam en Hoek van Holland uit te voeren als een plateau in plaats van een dijk wordt beoogd om tegelijkertijd de veiligheid én de ruimtelijke kwaliteit van de zone te verbeteren. Met de interessante opgave wordt een algemeen probleem opgepakt waarvoor het plan een veelbelovend principe ontwikkelt. Het plateau biedt veel kansen voor interessante milieus. Daarnaast wordt de barrièrewerking van een dijk effectief bestreden. In de uitwerking wordt gekozen voor een drietal locaties, een stedelijke in Rotterdam, een suburbane woonlocatie in Schiedam en een landelijke locatie. De ontwerpen voor deze locaties missen helaas de kracht om de beoogde kwaliteiten aan te tonen, de stedenbouwkundige potenties worden te weinig benut. Daarmee wordt de kans gemist om de zone in één keer een belangrijke status in de zuidvleugel te geven, terwijl het heldere basisconcept die potentie zeker heeft.

Jury report

In designing the primary flood defence along Nieuwe Waterweg between Rotterdam and Hoek van Holland as a platform instead of a dyke, the designer seeks to improve both the safety aspect and the spatial quality of the zone. This compelling brief broaches a general problem for which the project develops a promising new principle. The platform holds out plenty of opportunities for interesting milieus. It also effectively combats the barrier effect of a dyke. In working up the project the designer has chosen three sites, one urban in Rotterdam, one suburban and residential in Schiedam and a rural site. Regrettably the designs for these sites lack the power to reveal the intended qualities, nor are the urban potentials adequately exploited. This is a missed opportunity to give the zone key status in the southern wing of Randstad Holland when the lucid basic concept certainly has that potential.

[Dis]continuity interventions of historical Rotterdam

Voorstel voor interventies in Rotterdam gericht op historische continuïteit, gecombineerd met de uitwerking van een hybride bouwblok.

Proposal for interventions in Rotterdam for purposes of historical continuity, combined with the developed design for a hybrid urban block.

[DIS] CONTI- NUITY

JUE QIU, PHILIP MANNAERTS + TEERA DHANAMUN

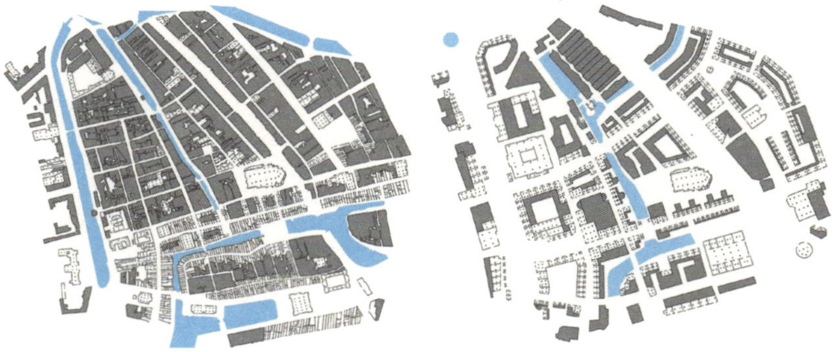

Stedelijke morfologie, Nolli kaarten 19e en 20e eeuw. *Urban morphology, Nolli maps of 19th and 21th century.*

Jue Qiu, Philip Mannaerts, Teera Dhanamun

OPLEIDING *PLACE OF EDUCATION*
TU Delft
STUDIERICHTING *SPECIALIZATION*
Architectuur *Architecture*
MENTOREN *TUTORS*
Susanne Komossa, Nicola Marzot, Jelke Fokkema

CONTACT *CONTACT*
Jue Qiu; 2e Middellandstraat 25 A, 3021 BL Rotterdam
jueqiu06@gmail.com
Philip Mannaerts; Vrouwjuttenland 14 C, 2611 LC Delft
pjvmannaerts@gmail.com
Teera Dhanamun; van Embdenstraat 82, 2628 ZG Delft
dteera@hotmail.com

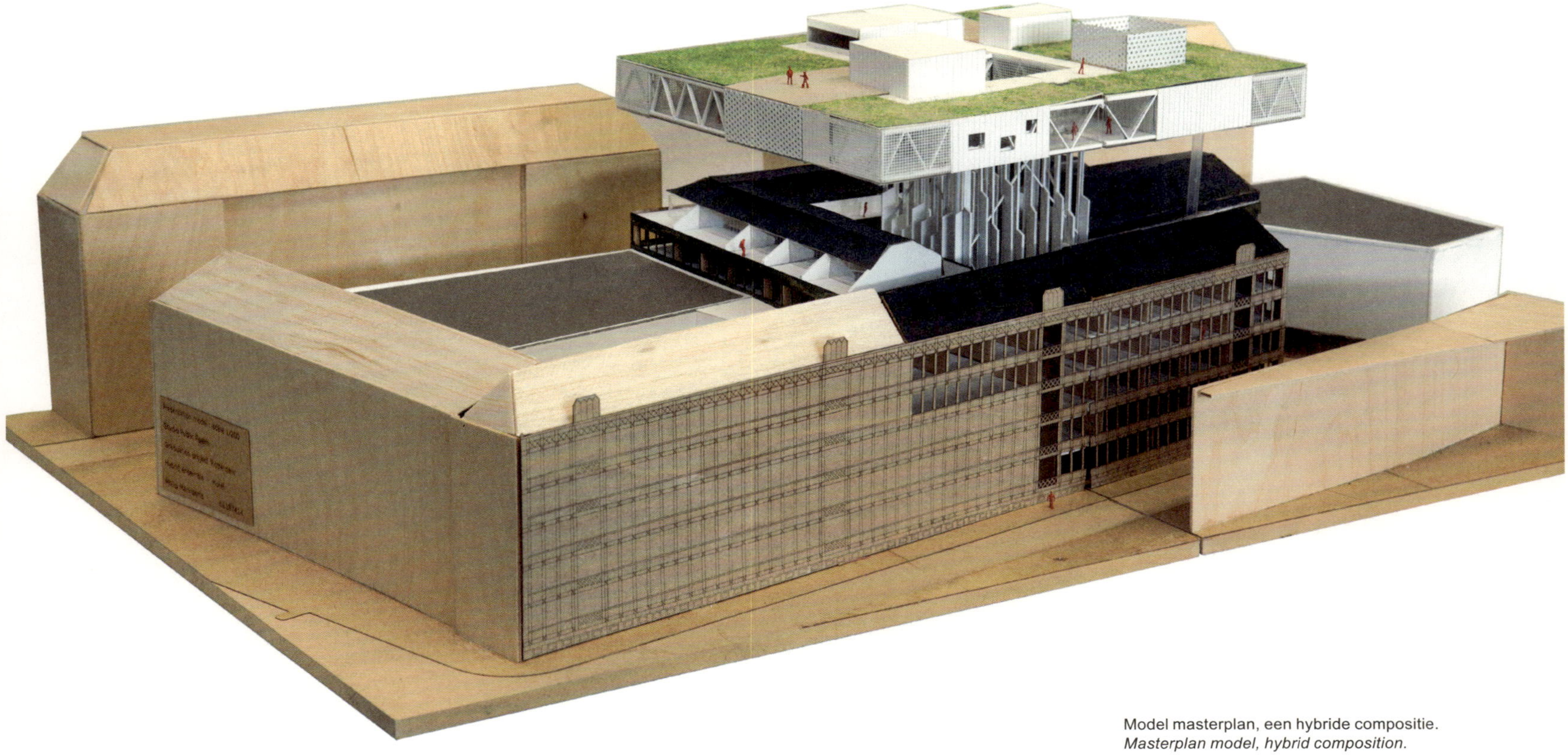

Model masterplan, een hybride compositie.
Masterplan model, hybrid composition.

<u>[Dis]continuity</u> interventions of historical Rotterdam
Jue Qiu, Philip Mannaerts, Teera Dhanamun

Ons voorstel voor een aaneenschakeling van interventies in het centrum van Rotterdam begon bij een gemeenschappelijke interesse voor de verdwenen historische binnenstad, de lompe wederopbouw en de gevolgen die de stad vandaag de dag nog steeds moet dragen. Standbeelden herinneren ons op een letterlijke manier aan het tragische bombardement, de rijke historie echter, is uitgewist en vergeten. Het viel het ons op dat verschillende locaties in de binnenstad te maken kregen met steeds wisselende ruimtelijke condities. Voor ons een duidelijk voorbeeld van een hybride stedelijke ruimte, die continu veranderingen weet te neutraliseren. Hierdoor werd de tijd een belangrijke factor voor het onderzoek en de ontwerpstrategie.
De morfologische analyse van de groei van het stadscentrum van de 17e eeuw tot 2010, werd gekoppeld aan de huidige ruimtelijke kenmerken van de stad. Voor belangrijke plekken ontwierpen we interventies die bestaande stedelijke structuren benadrukken of interventies die verdwenen historische kenmerken in de huidige situatie implementeren. Deze interventies zijn gebaseerd op de verloren geschiedenis en aangepast aan de hedendaagse wensen en aan toekomstige transformaties.
Het nieuwe gebouw gaat een duurzame relatie aan met de bestaande stedelijke structuur. Het is een solid met ruimte voor een grote verscheidenheid aan functies. Bij de locatie staan monumentale gebouwen die een ontvankelijke, maar tegelijkertijd ook kwetsbare, historische omgeving creëren om in te bouwen. Het nieuwe bouwwerk is een hybride ensemble dat zijn programma met de openbare ruimte van de stad fysiek en functioneel verbindt. De verschillende functies van het bouwblok zelf, een hotel, een poppodium en een stadskantoor, zijn als een rugby scrum met elkaar verbonden. Een centrale passage is de hybride ruggengraat die ruimtelijke relaties legt tussen stedelijke, publieke en private ruimtes.
Het plan biedt tevens de mogelijkheid voor een samenwerking tussen drie onafhankelijke ontwerpers. Door het vooraf vastleggen van ontwerprichtlijnen en regels, kan elke functie afzonderlijk worden uitgewerkt, terwijl de kwaliteit van het geheel gewaarborgd blijft. Drie ontwerpen zijn uitgewerkt: twee verschillende stadskantoren van Jue Qiu en Teera Dhanamun en een hotel van Philip Mannaerts.

Exterieur van het stadskantoor (ontwerp Teera Dhanamun). *Exterior of city office (design by Teera Dhanamun).*

Exterieur van het hotel (ontwerp Philip Mannaerts).
Exterior of hotel (design by Philip Mannaerts).

Het ontwerp van Jue Qiu is een nieuwe interpretatie van het stadhuis als een themapark. Een overgangszone, verbeeld als een tapijt, vormt de openbare ruimte van dit ontwerp. In 'Play Rotterdam' van Teera Dhanamun komen de stadswinkel, stadkantoren, expositieruimte en faciliteiten voor de creatieve industrie samen in de verkeersruimte van Rotterdam. Met de tijdelijkheid van architectuur wordt openbare ruimte gegenereerd in dit gevarieerde, historische bouwblok. Het hotel van Philip Mannaerts is een driedimensionale compositie bestaande uit een massief hotel-blok met een lange levensverwachting en een verhoogd openbaar platform, bestaande uit een flexibele en tijdelijke structuur. De centrale kern fungeert als het hybride, verbindende element van het ontwerp.

<u>[Dis]continuity</u> interventions of historical Rotterdam
Jue Qiu, Philip Mannaerts, Teera Dhanamun

Our proposal for a chain of interventions in the centre of Rotterdam originated from a shared interest in the loss of the old city centre, the ungainly post-war reconstruction and the consequences the city still has to shoulder today. Statues make literal reference to the tragedy of the bombing raid, although the city's rich history has been erased and forgotten. We noticed that certain sites in the inner city have been subject to ever changing spatial conditions. For us this is a clear example of hybrid urban space that consistently manages to neutralize change. This made time a key factor for the research and the design strategy.
An analysis of the morphological growth of the city centre from the 17th century to 2010 was hitched to the city's spatial characteristics today. For important places we designed interventions that emphasize received urban structures or restore a former ambience to the current condition. These interventions proceed from the city's lost history and are adjusted to suit today's wishes as well as future transformations.
Our new building enters into an enduring relationship with the existing urban structure. It is a 'solid' with space enough for a wide array of duties. The presence of monumental buildings on site creates a receptive though delicate historical ground to fill in. The new building is a hybrid ensemble whose programme connects to the city's public domain both physically and in terms of function. The various components of the city block - hotel, pop/rock venue, city office - are packed

together like a rugby scrum. A central arcade is the hybrid spine physically relating urban, public and private spaces.
The master plan also lends itself to a collaboration between three independent designers. Following a prearranged set of design guidelines and rules, each function can be fleshed out individually while preserving the quality of the whole. Three designs were developed, two by Jue Qiu and Teera Dhanamun for two distinct city offices and a hotel by Philip Mannaerts.
Jue Qiu's design is a new interpretation of the city hall as a theme park. Its public space is a transitional zone expressed as a carpet. In 'Play Rotterdam' by Teera Dhanamun the city information service, municipal offices, exhibition space and facilities for the creative industry converge in Rotterdam's circulation zone. The temporality of architecture is the key to generating public space in this historical and diverse urban block. Philip Mannaerts' hotel is a three-dimensional composition consisting of a solid block of hotel rooms with a long life expectancy and an elevated public platform of a flexible and temporary structure. The central core is a hybrid element pulling the design together.

Centraal gelegen atrium in het stadskantoor (ontwerp Jue Qiu). *Central atrium in city office (design by Jue Qiu).*

Historische interventie, houten esplanade op de Delftsevaart. *Historical intervention, wooden esplanade on Delfstevaart.*

Historische interventie, gestripte gevel van het politiebureau. *Historical intervention, stripping facade of police office.*

Juryrapport
Met het plan voor een aantal interventies in de Rotterdamse binnenstad beogen de ontwerpers een genuanceerde strategie te poneren voor de toekomstige ontwikkeling van het gebied. Daarmee willen ze de stad tegen een dreigende ongewenste megalomanie beschermen. Ze constateren dat het gebied gebukt gaat onder de gevolgen van de recente geschiedenis waarin de historische binnenstad grotendeels verloren ging en gevolgd werd door een lompe wederopbouw. Het plan snijdt een breed scala aan relevante thema's aan. De onderliggende gedachten zijn sterk, ook de zoekrichting is interessant.
Het idee om ongedifferentieerde stedelijke ruimtes te verduidelijken en te verrijken is positief en vormt een goed uitgangspunt voor de uitwerking. Het onderzoek gaat diep in op de functies maar bevat weinig uitleg over de collectiviteit en het gebruik.
In morfologisch opzicht weet het abstracte ontwerp de nagestreefde bedoelingen niet waar te maken.
Het gesignaleerde probleem van Rotterdam heeft te maken met het gegeven dat zich in de stad sterke symbolen bevinden, gebouwen die in eerste instantie fascineren maar niet voldoende inhoud hebben om te blijven boeien en nauwelijks bijdragen aan verbetering van het publiek domein. De voorgestelde strategie lijkt in dat licht adequaat. De ontworpen iconografische toevoegingen schieten echter hun doel voorbij. In zekere zin past het plan bij de recente traditie van Rotterdam omdat het bijdraagt aan hetzelfde probleem dat men signaleert en wil bestrijden.

Jury report
With this project for a number of interventions in Rotterdam's inner city, the designers seek to advance a refined strategy for the area's future development. This is to protect the city against the threat of megalomania. Their conclusion is that the area is weighed down by the aftermath of recent history in which most of the old town centre was destroyed and subjected to an ungainly post-war reconstruction. The project tackles quite an array of relevant themes. The underlying thoughts are strong and the line of enquiry worthwhile. The idea of emphasizing and enhancing undifferentiated urban spaces is positive and makes a good stepping-off point for developing the design. The study examines the urban functions in depth but has little to say about the collectivity and use. Morphologically, the abstract design fails to live up to the designers' intentions. The identified problem with Rotterdam has to do with the fact that the city contains powerful symbols, buildings that fascinate initially but lack sufficient substance to sustain interest and have little to contribute to improving the public domain. Seen in that light the proposed strategy seems to be up to par. However, the designed iconographic additions overshoot the mark. In a sense, the project belongs to the recent tradition in Rotterdam, as it contributes to the very problem it identifies and seeks to confront.

fabricA

FabricA is in de eerste plaats een visie op stedelijkheid en hoge dichtheid in het bestaand stedelijk weefsel van Arnhem, uitgewerkt in een plan voor een grootschalig atelierverzamelgebouw. *FabricA is in the first place a perspective on cityness and high density in the existing urban fabric of Arnhem, worked up into a plan for a large-scale mixed-use studio building.*

Marrit Winkeler

OPLEIDING *PLACE OF EDUCATION*
TU Eindhoven
STUDIERICHTING *SPECIALIZATION*
Architectuur *Architecture*
MENTOREN *TUTORS*
Ton Venhoeven, Gijs Wallis de Vries, Jacob Voorthuis
CONTACT *CONTACT*
Aalsterweg 79 a, 5615 CB Eindhoven
m.h.winkeler@gmail.com

Maquette. *Model.*

FABRICA

MARRIT WINKELER

Zicht op de grote trap, buitenkamer en woonplateaus van Atelier Noord en zicht in een gezamenlijke atelierruimte van Spil. Onder is te zien hoe de gelaagde openbare ruimte de gebouwen met elkaar verweeft. *View of the grand stair, outdoor room and dwelling platforms of Atelier Noord and a view into one of Spil's shared studio spaces. Below can be seen how the layered public space and the buildings mesh together.*

fabricA
Marrit Winkeler

Verdichting neemt de druk op de rurale gebieden weg, maakt het openbaar vervoer aantrekkelijker en zorgt voor een grote verscheidenheid aan stedelijk programma op loopafstand. De titel fabricA is een samentrekking van het Engelse 'fabric', weefsel, en het Italiaanse/Latijnse 'fabrica' dat fabriek of werkplaats betekent. Deze titel vat het resultaat van het afstudeerproject grotendeels samen. Werkplaats staat letterlijk voor werkplaats en figuurlijk voor het atelierverzamelgebouw en de starterswoningen die zijn ontworpen. Weefsel staat voor de verweving van deze gebouwen met hun omgeving, de verweving van de gebouwen onderling, het stegennetwerk en de programmatische verweving.

FabricA is een ontwerpend onderzoek naar antwoorden op de vraag: hoe kan een ontwerp van zeer hoge dichtheid ingepast worden in bestaand stedelijk weefsel? Ik ga ervan uit dat het ontwerpen in hoge dichtheid binnen bestaand weefsel alleen werkt als het ontwerp een positieve bijdrage levert aan de directe omgeving. Deze bijdrage is zowel sociaaleconomisch, morfologisch en sociaallogistiek van aard. Voor de gekozen locatie geldt dat het bestaande (rommelige) weefsel verdicht moet worden zonder zijn identiteit te verliezen en dat de bestaande kwaliteiten van deze locatie dus in het nieuwe plan terug te vinden moeten zijn. De nieuwe bebouwing is daarom geplaatst tegen, tussen, om en over de bestaande bebouwing. De kleinschaligheid blijft ondanks de hoge dichtheid behouden, en de stegen die ontstaan beschikken over dezelfde kwaliteiten als de voormalige leegte (autonomie, vrijheid, marge, 'verborgen', speelruimte).

Uit mijn analyses van de locatie blijkt dat een informeel cultureel programma het beste past, zowel in morfologisch als economisch en sociaal opzicht. In het onderzoek dat Arnhem in 2006 liet uitvoeren om haar potentie als 'creatieve stad' in beeld te krijgen, wordt mijn projectlocatie aangewezen als één van de kansrijke creatieve milieus rondom de binnenstad. Dit onderbouwt mijn plan voor een (vernieuwend concept voor een) grootschalig atelierverzamelgebouw met goedkope woonruimte voor starters en (oud)kunstacademiestudenten.

Een levendige stad laat ruimte aan eigen initiatieven, veranderlijkheid en toe-eigening. De vraag is of je dit kunt ontwerpen, of dat dit aan het toeval moet worden overgelaten. Mijn stelling is dat ruimte naar gelang de omstandigheden moet kunnen worden ingenomen of teruggegeven. Een voorbeeld van deze ambiguïteit is het economische en commerciële gebruik van de Favela, zowel in het publieke als in het private domein. Daar worden straten, kamers en trappen ingenomen door (tijdelijke) werkplaatsen en winkels. Er heerst een grote mate van onbepaaldheid en ongeplandheid. Gebrek aan regulering van bovenaf geeft bewoners de vrijheid om zich een ruimte toe te eigenen of deze even in beslag te nemen.

Gelukkig kan een architect niet het gedrag van mensen ontwerpen. Mensen kunnen wel verleid worden tot het zich toe-eigenen en in gebruik nemen van de openbare ruimte. Deze verleiding kent voor mij meerdere gedaantes: verleiding op afstand (nieuwsgierigheid naar het onbereikbare) en verleiding door nabijheid ('gedwongen' intimiteit heft de grens tussen subject en object tijdelijk op en zorgt voor een intieme relatie). Ik gebruik de begrippen 'dérive' en 'détournement' om een extra component aan verleiding toe te voegen; met de dérive de verleiding tot dwalen, ontdekken en spelen en met détournement de voorwaarde daarvoor.

Het creatieve programma levert een bijdrage aan het (ver)leiden tot het in gebruik nemen van ruimte. Door dit programma over vier gebouwen te verspreiden zorg ik voor een actieve rol van de openbare ruimte; het programma omvat nu de onderliggende sociale en functionele structuren. Het stegennetwerk geeft vorm aan het stedelijk leven onder hoge druk die de steeg tot een bijzondere vorm van de straat maakt. Hier vervaagt de grens tussen interieur en exterieur, zodat de steeg deel uit gaat maken van de bebouwing.

fabricA is een experimenteel ontwerp dat meerdere thema's verweeft en versteent in een labyrintisch stegennetwerk en een viertal gebouwen in de binnenstad van Arnhem. Het ontwerp levert niet ondanks, maar dankzij de hoge dichtheid een bijdrage aan de omgeving.

Een man kijkt naar de aanplakbiljetten in de entreesteeg van Podium; die avond is er een interessante voorstelling die hij niet wil missen. Rechts midden heeft een groep afstudeerders van Artez zich verzameld, in afwachting van de rondleiding door hun toekomstige atelierruimte. *A man studies the posters in Podium's entrance alleyway; there's something on tonight that he doesn't want to miss. At right, a group of graduates from ArtEZ arts institute have gathered to wait for a guided tour of their future studio space.*

Doorsnede van het stedelijk leven. *Cross-section of urban life.*

fabricA

Marrit Winkeler

Compaction takes the pressure off rural areas, makes public transport more attractive and gives a wide variety of urban programming within walking distance. The title, FabricA, is a contraction of the English 'fabric', as in weave, and the Italian-Latin 'fabrica' meaning factory or workplace. This summarizes in great measure the results of my final-year project. Workplace stands literally for workplace and metaphorically for the mixed-use studio building and first-time buyer homes that have been designed. Fabric stands for the interweaving of these buildings with their surroundings and with each other, for the network of alleyways and for the programmatic interweaving.

FabricA is a research by design study into ways of fitting a design of extreme density into existing urban fabric. I am assuming that designing in high densities in existing fabric only works if the design makes a positive contribution to the immediate surroundings. This contribution is socioeconomic, morphological and sociologistic alike. For the chosen site it holds that the existing (cluttered) fabric needs compacting without forfeiting its identity and that the received qualities of this site should therefore show through in the new plan. Thus the new built fabric is placed against, amidst, around and above the existing fabric. The smallness of scale remains despite the high density, and the alleyways this creates have the same qualities as the former void (autonomy, freedom, margin, 'hidden', leeway).

My analyses of the site show that an informal cultural programme is the most fitting, as much morphologically as economically and socially. In the study commissioned by the City of Arnhem in 2006 to get a picture of its potential as a 'creative city', the site I have chosen was singled out as one of the promising creative environments in the vicinity of the inner city. This underpins my proposal for an innovative concept for a large-scale mixed-use studio building with affordable accommodation for first-time home buyers and past and present art academy students.

A vibrant city leave room for individual enterprise, the capacity for change, and appropriation. The question is whether you can design this or whether it should be left to chance. My assertion is that space should be appropriated or returned, depending on the circumstances. An example of this ambiguity is the economic and commercial use of favelas, in both public and private domains. There, streets, rooms and stairs are appropriated for permanent or temporary workplaces and shops. The unspecified and unplanned are very much in evidence. Lack of government interference gives residents the freedom to appropriate a space for a longer or shorter period.

Fortunately an architect is unable to design human behaviour. Yet people can be enticed to appropriate public space for themselves and put it into use. I see this enticement taking on different guises: enticement from afar (curiosity about the unattainable) and enticement by proximity (a 'forced' intimacy temporarily erases the boundary between subject and object for an intimate relationship). I use the terms 'dérive' and 'détournement' to add an extra component to the process; dérive for enticing the subject to wander, discover and play and détournement for the conditions to do so.

The creative programme contributes to the process of enticing or at least guiding the subject to appropriate space. I have spread this programme over four buildings so as to attribute an active role to the public domain; the programme now encompasses the underlying social and functional structures. The network of alleyways gives shape to urban life under great pressure, which makes the alleyway a bold new variant of the street. This is where the border between interior and exterior loses its edge so that the alleyway gets to become part of the built fabric.

fabricA is an experimental design that weaves together multiple themes and crystallizes in a labyrinthine network of alleyways and a quartet of buildings in the inner city of Arnhem. The design contributes to its setting because of the high density and not despite it.

Hoofdsteeg-zuid met zicht op de Zuidgevels van Podium en in de verte Atelier Zuid. De man is van plan in de zon te lunchen op het verhoogde plein.
Hoofdsteeg-Zuid with a view of Podium's south facades and Atelier Zuid in the distance. The man is planning to eat lunch in the sun on the raised plaza.

Juryrapport

fabricA presenteert een tot het uiterste doorgedreven verdichting van een locatie in het centrum van Arnhem. De bedoeling is om met deze verdichting een levendig stedelijk weefsel te realiseren met een veelheid van voorzieningen op loopafstand. Voorwaarde is daarbij dat de directe omgeving profiteert van de verdichting. De verdichting wordt gerealiseerd door een grootschalig complex met ateliers te ontwikkelen in de kleinschalige bestaande stedelijke context. Het plan behandelt een interessant thema. Het uitgangspunt om levendigheid en complexiteit in het stedelijk bouwblok terug te brengen is prima. De stad zou van een dergelijke aanpak goed kunnen profiteren. In de begeleidende studie worden aardige casussen uit hoogstedelijke en hoogdynamische steden als Tokyo behandeld. De afstand van zowel de studies als het ontwerp tot de Arnhemse context blijft helaas groot. Het ontwerp verhoudt zich qua schaal en architectuur niet trefzeker tot de bestaande omgeving, de gewenste verweving komt niet tot stand. Op het niveau van het bouwblok wordt de ruimte en de verrijking die de ontwerpster zoekt niet op overtuigende wijze gerealiseerd. Daarnaast is er geen sprake van een helder organiserend principe dat het plan een meer algemene waarde had kunnen geven.

Jury report

fabricA presents the extreme compaction of a site in the centre of Arnhem. This high density is to produce a vibrant urban fabric with a whole host of facilities within walking distance. One condition is that the immediate environment is to profit from the compaction. This high density is achieved by developing a large-scale complex of studios within the received small-scale urban context. The project broaches an interesting theme. The premise of reinstating vibrancy and complexity in urban blocks is a worthwhile approach that could greatly benefit the city. The accompanying study examines choice examples from metropolitan and high-energy cities such as Tokyo. Regrettably, both the studies and the design are too far removed from the context of Arnhem. The design is not consistently faithful to the existing surroundings in terms of scale and architecture and the desired interweaving is conspicuous by its absence. At the level of the urban block, the space and enrichment sought by the designer fail to materialize in convincing fashion. In addition there is nothing of a clear organizing principle that would have given the project a more general value.

Flexible living in Tacheles

Voorstel voor woningen die samenhang moeten brengen op een plek in Berlijn die zwaar werd gebombardeerd en daarna nooit weer is opgebouwd.

Proposal for dwellings that are to bring cohesion to a part of Berlin that suffered heavy bombing during the war and was never rebuilt.

FLEXIBLE LIVING IN TACHELES

Yannis Tsoukalas, Douwe Kelderman

OPLEIDING *PLACE OF EDUCATION*
TU Delft
STUDIERICHTING *SPECIALIZATION*
Architectuur *Architecture*
MENTOREN *TUTORS*
Jasper van Zwol, Ype Cuperus

CONTACT *CONTACT*
Yannis Tsoukalas; Apellou Street 4 4
7271 ZG Thessaloniki (Greece)
tsouk.yanni@gmail.com
Douwe Kelderman; De Markerichter 100,
7271 ZH Borculo
douwekelderman@gmail.com

YANNIS TSOUKALAS DOUWE KELDERMAN

Vogelvlucht. *Aerial view.*

Woontoren. *Residential tower.*

Flexible living in Tacheles
Yannis Tsoukalas, Douwe Kelderman

Na de val van de Muur in 1989, trokken kunstenaars en krakers in een van de overgebleven gebouwen van het voormalige warenhuis Friedrichsstadtpassagen dat in de oorlog voor een groot deel was verwoest. Zij transformeerden het in een plek voor kunst, muziek en uitgaan die onder de nieuwe naam Tacheles zeer bekend werd. Het toevoegen van woningen op de open plekken van Tacheles levert twee vraagstukken op. Allereerst gaat het om de relatie tussen oud en nieuw. Welke ingreep kan een uiteengevallen stuk stedelijk weefsel (een gebombardeerd stadsblok), tot een samenhangend stedelijk ensemble maken. Ten tweede gaat het om de dynamische samenleving van Oost-Berlijn met haar opkomende subculturen en de creatieve klasse. De vraag is op welke wijze dit sociale potentieel kan worden ingezet als tegemoet wordt gekomen aan de hedendaagse lifestyle in Berlijn.
De oplossing van het eerste vraagstuk werd gevonden in de Sociale Condensator-theorie van de Russische constructivisten. Deze houdt in dat door het stapelen van verschillende programma's op een leeg terrein, er ontmoeting en interactie zal zijn tussen verschillende groepen zodat onverwachte gebeurtenissen zullen plaatsvinden. Dit idee is vertaald in een dynamisch ruimtelijk gebaar dat zorgt voor een nieuwe balans tussen oud en nieuw. Door het contrast tussen oud en nieuw verbindt deze ingreep Tacheles met de omringende stad.
Voor het tweede vraagstuk is onderzoek gedaan naar manieren waarop flexibiliteit kan zorgen voor collectiviteit in woonblokken. Op basis daarvan is een stedenbouwkundig plan gemaakt met gebouwen die twee flexibele woningtypen bevatten. Om andere groepen mensen aan te trekken wordt een metrostation toegevoegd dat twee bestaande metrolijnen verbindt. Een driehonderd meter lange strook van tijdelijke woningen en een hoogbouwcomplex zijn ontworpen als landmarks die de plek een stevige positie geven in de stedelijke context.
De laagbouwwoningen hebben een specifieke ordening en gradatie met betrekking tot publiek en privé. Op de begane grond ligt het meest flexibele en publieke woningtype, op de bovenste verdieping ligt het besloten en private type. Op stedenbouwkundig niveau tonen de gebouwen op vergelijkbare wijze een gradatie van publiek naar privé

Plattegrond loft. *Plan of loft.*

Plattegrond appartement met vouwwanden. *Plan of apartment with folding partitions.*

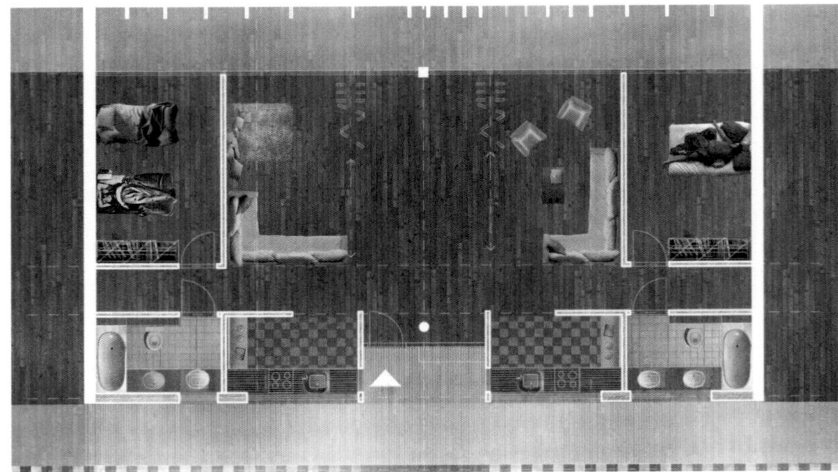

door het profiel van de straten dat smaller wordt in gebieden met een meer privaat karakter.
Het flexibele karakter van de gebouwen in combinatie met een geïntegreerd klimaatsysteem biedt ook een duurzame oplossing. De levensduur van gebouwen wordt vergroot door de flexibiliteit van de ruimte. Dit wordt aangevuld met optimale lichtinval in de woningen, hergebruik van regenwater van het dak en de straat, en een warmtepompinstallatie in combinatie met betonkernactivering.

Flexible living in Tacheles

Yannis Tsoukalas, Douwe Kelderman

After the Wall fell in 1989, artists and squatters moved into one of the surviving buildings of the former Friedrichsstadtpassagen department store which had been largely destroyed during the war. They turned it into a place for art, music and entertainment that became widely known under its new name of Tacheles. The insertion of dwellings in the remaining empty spaces of Tacheles raises two issues. First of all, there is the relationship between old and new. An intervention is required that can transform a broken-down fragment of urban tissue (a bombed-out city block) into a cohesive urban ensemble. Second, there is the dynamic society of East Berlin with its emerging subcultures and the creative class. The challenge is how to deploy this social potential in a way that measures up to today's lifestyle in Berlin. The solution to the first issue resides in the Russian Constructivists' theory of the Social Condenser. This entails programmatic layering on vacant terrain to encourage encounter and interaction between disparate groups, resulting in unexpected occurrences. This idea is rendered as a dynamic spatial gesture that fosters a new balance between old and new. It is through the contrast between old and new that this intervention connects Tacheles to the surrounding city.
For the second issue, we carried out research into ways flexibility can provide a collective ambience in housing blocks. From there we drew up an urban plan with buildings containing two flexible dwelling types. A new underground rail station connecting two existing lines is to attract other groups of people. A 300-metre-long row of temporary dwellings and a high-rise complex are to act as landmarks anchoring the site firmly in the urban context.

Gevel. *Elevation.*

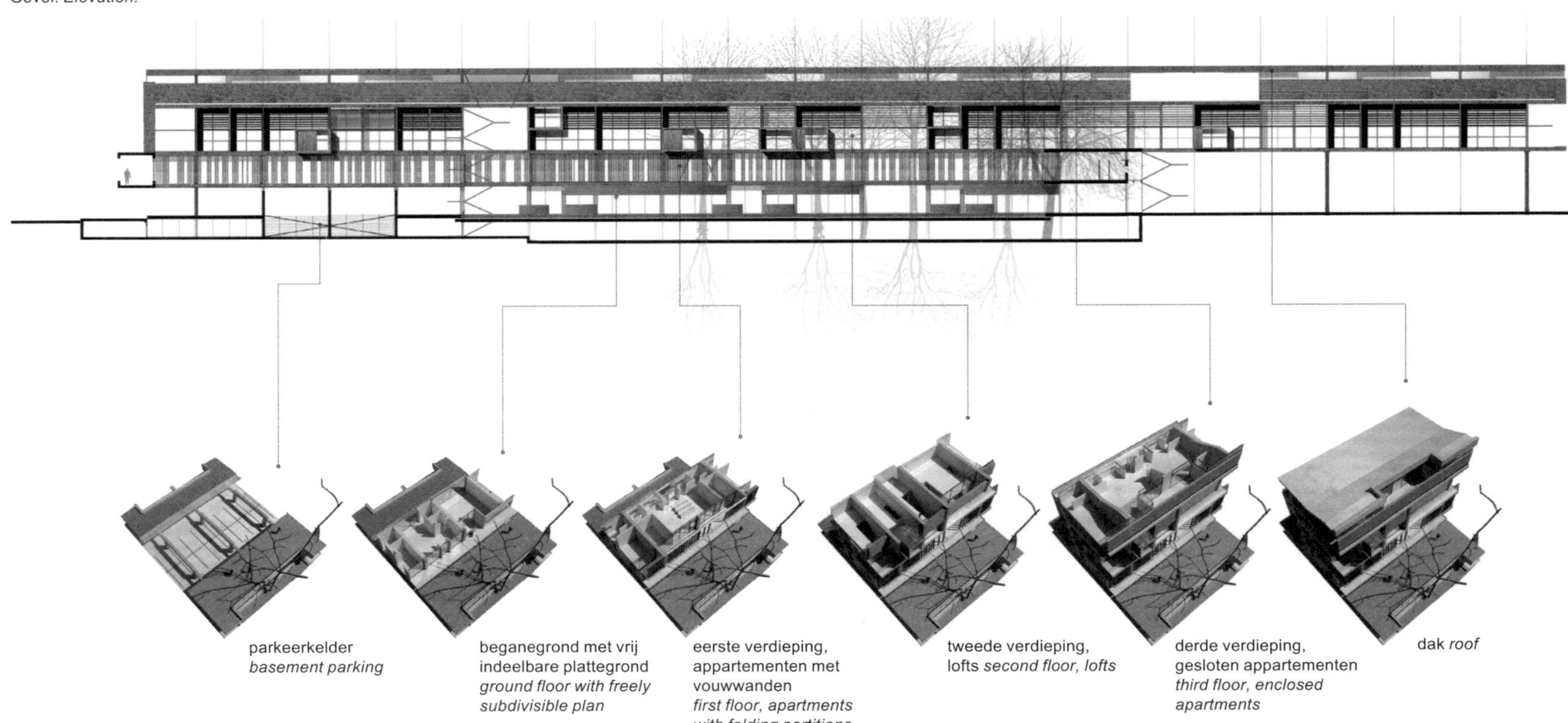

The low-rise units are arranged and graded in terms of public and private. The most flexible and public dwelling type occupies the ground floor, with the enclosed and private type upstairs. Contextually, the buildings exhibit a comparable grading from public to private by way of the street channels that narrow in areas of a more private nature. The buildings' flexibility combined with an integrated climate control system is additionally a sustainable response. The more flexible the space, the longer the building's useful life. This is supplemented with maximum natural lighting in the dwellings, reuse of rainwater from the roof and the street, and a heat pump unit in combination with concrete core activation.

Langsdoorsnede. *Longitudinal section.*

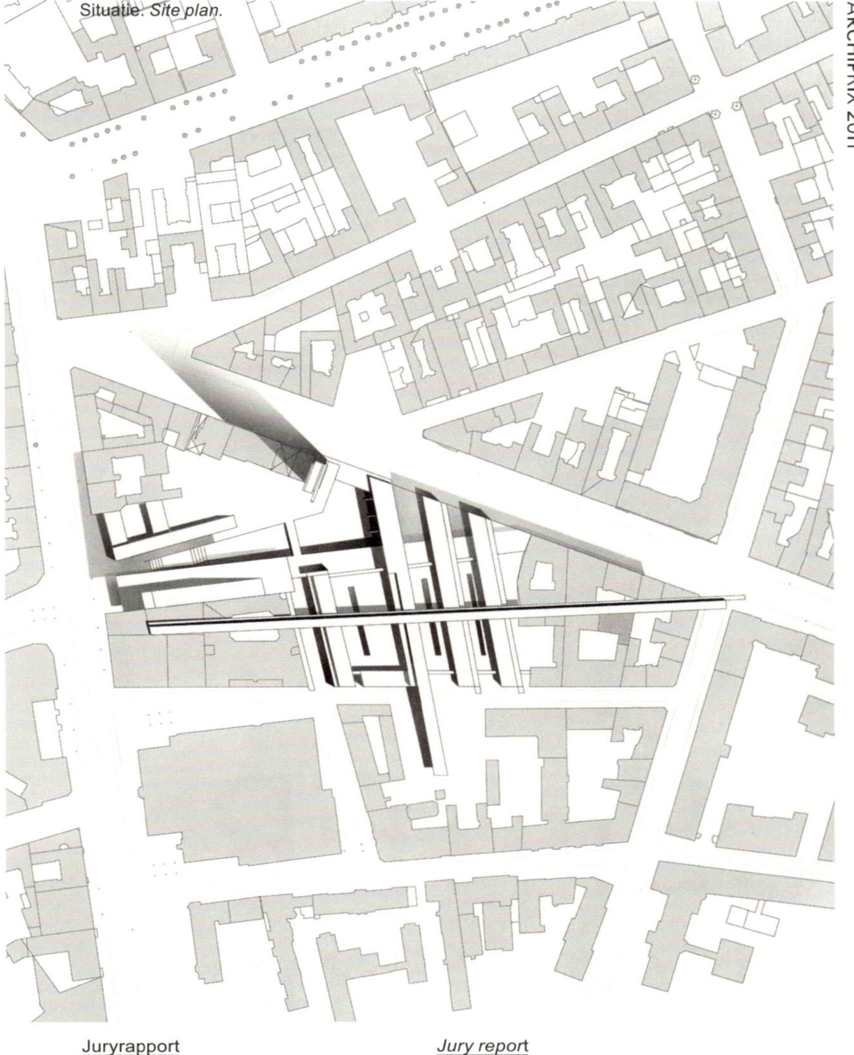

Situatie. *Site plan.*

Plattegrond gesloten appartement. *Plan of enclosed apartment.*

<u>Juryrapport</u>
Met het ontwerp voor een wooncomplex in een strokenverkaveling willen de ontwerpers samenhang brengen in de locatie die gelegen is in Tacheles in Berlijn. Tegelijkertijd beogen de ontwerpers een flexibele, duurzame woonvorm te realiseren die plaats biedt aan een wisselende, gevarieerde groep bewoners.
Het ontwerp gaat vergezeld van een adequate weliswaar enigszins clichématige toelichting. De geformuleerde bedoelingen komen niet navolgbaar in het ontwerp tot uitdrukking. Sommige middelen die ingezet worden om samenhang te creëren doen merkwaardig aan, zoals de enorme luchtbrug en de keuze van het verkavelingstype. Wel worden er mooie collectieve ruimtes gecreëerd.

Jury report
With their design for a residential complex in an open row layout, the designers seek to bring cohesion to this site in the Tacheles zone of Berlin. At the same time they set out to realize a flexible, sustainable dwelling form that can accommodate a changing, varied group of residents. The design is accompanied by an effective if somewhat cliché-ridden report. The stated aims are not identifiably expressed in the design. Some means brought in for the sake of creating cohesion, such as the enormous footbridge and the type of plot layout, seem a curious choice. On the other hand, there are some very fine communal spaces.

The Heijplaat Science Center

Het Science Center op de Rotterdamse RDM campus is in de eerste plaats een duurzaam gebouw, daarnaast is het een icoon en een belangrijke ontmoetingsplek voor de campus. *The Science Centre on the RDM campus in Rotterdam is first and foremost a sustainable building, besides being an icon and a central meeting place on campus.*

Marko Koops

OPLEIDING *PLACE OF EDUCATION*
TU Delft
STUDIERICHTING *SPECIALIZATION*
Architectuur *Architecture*
MENTOREN *TUTORS*
Jan Engels, Arjan van Timmeren
CONTACT *CONTACT*
Jan van Nassaustraat 68,
2596 BV 'S-Gravenhage
marko@markokoops.nl

THE HEYPLAAT SCIENCE CENTER

MARKO KOOPS

3D doorsnede van de bibliotheek met de spiraalvormige trap en een glazen vloer en een glazen plafond. *3D section through the library with spiral stair, glass floor and glass ceiling.*

Vogelvlucht. *Aerial view.*

1 Regenwateropslag > waterbuffer voor interne Green CO_2-filter en luchtbevochtiging. *Rainwater storage > water buffer for internal Green CO_2 filter and air humidification.*

2 Spiegelsysteem voor de geleiding van zonlicht. *Mirror system for conducting sunlight.*

3 Nagespannen beton metselwerk wandsysteem. *Post-tensioned concrete masonry (PCM) wall system.*

4 Natuurlijke ventilatie. *Natural ventilation.*

5 Op de zuidgevel geïntegreerde zonnecellen tussen gelaagd glas. *Integrated solar cells between laminated glass panes on south façade.*

6 Geïntegreerde warmteterugwinning. *Integrated heat recovery system.*

7 Basin met buffervoorraad Maaswater ten behoeve van de warmtewisselaar van de PCM wand. *Basin with buffer store of river water for the heat exchanger in the PCM partition.*

8 Adaptieve buitenste schil > natuurlijke ventilatie concept in gesloten toestand > holte voor het voorverwarmen van koude winterlucht, in geopende toestand > buitenbalkon. *Adaptive outer skin > natural ventilation concept when closed > cavity for preheating cold winter air when opened > outside balcony.*

9 Schijven verbonden met ondergrondse warmteopslag. *Slabs connected with underground heat storage.*

The Heijplaat Science Center
Marko Koops

Het milieu waarin we bouwen is aan veranderingen onderhevig en duurzaamheid wordt van toenemend belang voor onze samenleving. Ons klimaat verandert en we kunnen steeds minder terugvallen op fossiele brandstoffen voor onze energie. We moeten dus op zoek naar alternatieve energiebronnen en gebouwen gaan ontwerpen die efficiënter zijn in energiegebruik en meer gericht op wat de natuur en de directe omgeving kunnen bieden als alternatief voor fossiele brandstoffen.
Rotterdam heeft de unieke mogelijkheid voor stadsuitbreidingen langs de Maas, waar ruimte is voor een diversiteit aan nieuwe functies. Een van de nieuwe locaties is het RDM terrein, een voormalige haven van de Rotterdamse droogdokmaatschappij die deel uitmaakt van de Stadshavens. Sommige daarvan zijn nog in gebruik als industriële haven, andere zijn verlaten en verwaarloosd en beschikbaar voor vernieuwing. Heijplaat is een van de havens die worden herontwikkeld. De locatie aan het water biedt hier unieke mogelijkheden. Op het open terrein heeft de wind vrij spel en krijgt zonlicht de ruimte. Deze natuurlijke omstandigheden leiden tot de vraag hoe deze locatiegebonden factoren kunnen worden ingezet voor een duurzaam architectonisch ontwerp. Het stedenbouwkundig plan toont Heijplaat en de nieuwe campusidentiteit voor het gebied. Een van de nieuw ontworpen gebouwen is het Science Center. Dit gebouw werkt als icoon voor de campus en heeft een sociale functie voor de verschillende groepen gebruikers van het gebied: studenten, onderzoekers, bedrijven en bezoekers. Een belangrijk uitgangspunt voor het ontwerp is de locatie. Daarbij gaat het niet alleen om de iconische functie, maar vooral om hoe het ontwerp de kwaliteiten van de locatie in zich kan verenigen en daarmee een meerwaarde voor de gebruiker kan creëren.
Het gebouw is een compacte diepe kubus. Vergroting van het oppervlak van de kubus biedt meer ruimte voor de werking van de elementen. Daarom is de kubus niet geïnterpreteerd als een puur volume, maar als een ongelimiteerde hoeveelheid horizontale en verticale Schijven. De relatie tussen programma en locatie bepaalt waar deze schijven gaan bewegen om ruimte te creëren, door de ontstane (tussen)ruimte worden deze schijven expliciet leesbaar in het exterieur. Ze zorgen voor een aanzienlijke vergroting van het gebouwoppervlak waardoor er de mogelijkheid ontstaat om het Maaswater te benutten voor koeling en verwarming. De windstroom door het gebouw maakt onderdeel uit van een natuurlijk ventilatie principe en daglicht wordt door deze schijven geregisseerd en met verschillende kwaliteit afgeleverd. Een schijf met mossen wordt gebruikt om de luchtkwaliteit te verbeteren. Hierdoor zijn deze schijven meer dan ruimtelijke elementen, het zijn (soms letterlijk) levende onderdelen van een groot metabolisch systeem.
De integratie van de vier elementen draagt in hoge mate bij aan het klimaatsysteem van dit gebouw. Daarmee krijgt het een sterkere relatie met zijn omgeving. Bovendien zijn de horizontale en verticale schijven een verrijking van de architectuur en worden ze door hun functie actieve elementen in het ontwerp.
De belangrijkste materialen van het gebouw zijn beton, staal en glas. Het beton is in verschillende variaties toegepast. De vlakken zijn georganiseerd in een hiërarchische reeks van drie met bijbehorende materialisatie. De schijven zijn uitgevoerd in beton, het pigment en de behandeling van het oppervlak verschilt. De tertiaire vlakken markeren de kubusvorm en hebben een oranje-bruin pigment. De primaire en secondaire vlakken hebben beide een grijze tint maar verschillen in afwerking. Deze vlakken zijn neutraal zodat het daglicht dat binnenvalt een geweldige kwaliteit heeft.

Doorsnede. *Section.*

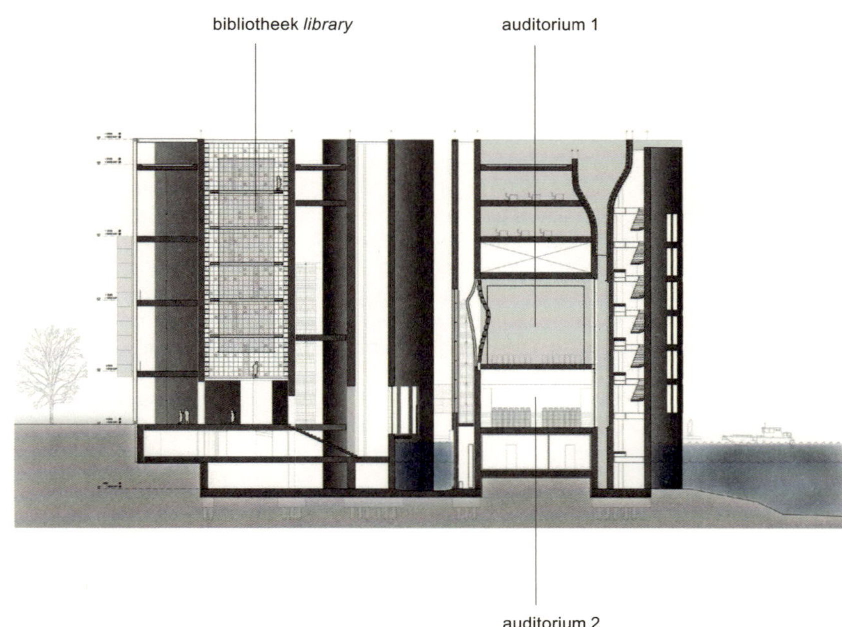

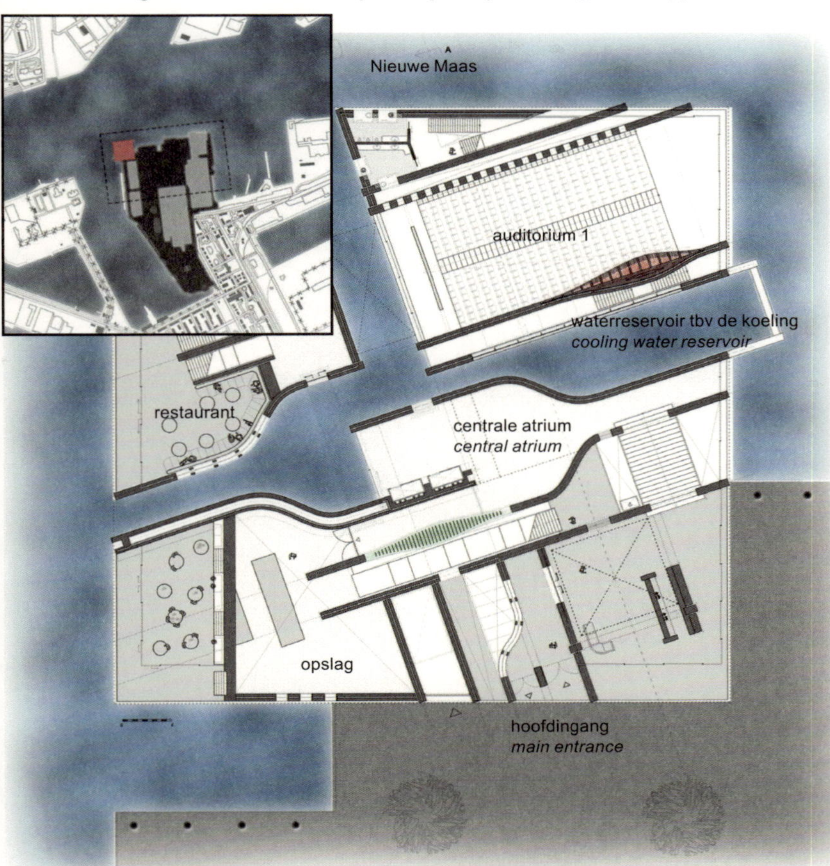

Plattegrond begane grond. De schijven zijn gedraaid ten opzichte van de gevels om optimaal van de wind en de zon te kunnen profiteren. *Ground floor plan. The slabs are rotated relative to the facades to be able to benefit fully from wind and sun.*

The Heijplaat Science Center
Marko Koops

The environment in which we build is subject to change and durability is becoming increasingly important for our society. Our climate is changing and we are less and less able to rely on fossil fuels for our energy. We therefore have to look for alternative sources of energy and design buildings that are more energy-efficient and more targeted at what nature and the immediate surroundings can offer as an alternative to fossil fuels.
Rotterdam has the unique opportunity to extend its built territory along the river Maas, where there is space that can serve a variety of ends. One of the new sites is the RDM site, at a former shipyard of the Rotterdam Dry Dock Company in the City Ports area. Parts of this area are still in use as industrial harbours, others are derelict

and ripe for redevelopment. Heijplaat is one harbour basin now being redeveloped.
The location on the water holds out unique opportunities. Its openness gives the wind and sun free play. These natural conditions raise the question of how these site-specific factors can be deployed to create a sustainable architectural design.
The urban plan shows Heijplaat and the area's new campus identity. Among the newly designed buildings is the Science Centre, which acts as an icon for the campus and performs a social duty for the different groups – students, researchers, businesses, visitors – using the area. Its location is key to the design. This is not just a question of iconic status but more particularly of how the design can unite all onsite qualities to the advantage of its users.
The building is a compact, deep cube. Its surface areas has been increased to give more room to work up the four elements of the project. This is why the cube has been interpreted not as a pure volume but as an unlimited number of horizontal and vertical slabs. The relationship between programme and site dictates where these slabs are to move to generate space, thus rendering them clearly visible in the exterior. They considerably enlarge the building's surface area, making it possible to use the water from the river (Nieuwe Maas) for cooling and heating purposes. The wind flow through the building is part of a natural ventilation principle, and daylight is manipulated by the slabs and delivered in degrees of quality. A slab covered with mosses is to improve the quality of the air. As a result these slabs are more than space-defining elements; they are living components (sometimes literally so) of a large metabolic system.
The climate control system in this building is well served by integrating the project's four elements, stitching the building more firmly into its setting. More than that, the horizontal and vertical slabs enrich the architecture, their function making them active elements in the design. Steel, glass and several varieties of concrete are the building's principal materials. The planes are organized in a hierarchical sequence of three each with its own material form. The slabs are of concrete but the pigment and the treatment of the surface varies. The tertiary planes mark the cube shape and have an orange-brown pigment. The primary and secondary planes share the colour grey but differ in their finish. These planes are neutral so that the daylight entering is of a superb quality.

Zuidgevel. *South facade.*

Perspectief zuid-oosthoek met de entrée en daarboven de balcons van de bibliotheek. *Perspective of south-east corner with the entrance and the library balconies above it.*

Juryrapport
Het ontwerp van een kubusvormig gebouw met sculpturale insnijdingen is half in het water van de Nieuwe Maas gesitueerd ter plaatse van de voormalige RDM werf. Op deze plek vindt momenteel de transformatie plaats van een scheepswerf naar een technologie campus. Het ontworpen science centre beoogt zowel de blikvanger als het ontmoetingspunt van de campus te zijn, terwijl het daarnaast een duurzaam gebouw wil zijn. De opgave is, mede door de ecologische en innovatieve aspecten interessant. Het blijft de vraag of de gestelde ambities met het ontwerp ingelost worden. Dit mede omdat een goede verantwoording ontbreekt. Het wordt niet duidelijk hoe de beoogde duurzaamheid wordt gerealiseerd en hoe het gebouw functioneert als centraal onderdeel van de campus.

Jury report
The design for this cube-shaped building with sculptural incisions is half-located in the waters of the Nieuwe Maas river at the site of the former RDM dry dock company. Here a shipyard is at present being transformed into a technology campus. This science centre seeks to be as much the stand-out feature as a meeting place on campus, and sustainable into the bargain. It is an interesting brief, not least because of the ecological and innovative aspects. It is debatable whether the stated aims have been achieved with the design, partly because the written explanation falls short of the mark. So it is hard to tell whether the intended sustainability has been attained and whether the building works as a central component of the campus.

Hotel De Boot Gemist Een choreografie van het verlangen. *A choreography of longing.*

Een tijdelijk onderdak voor de gestrande reiziger, op reis naar de overkant (de toekomst...?) . *A temporary shelter for the stranded traveller on their journey to the other side (the future...?)*

HOTEL DE BOOT GEMIST

WYTSKE VAN DER VEEN

Wytske van der Veen

OPLEIDING *PLACE OF EDUCATION*
AvB Maastricht
STUDIERICHTING *SPECIALIZATION*
Architectuur *Architecture*
MENTOREN *TUTORS*
Birgit de Bruin, Elmar Kleuters, Ingeborg Meulendijks
CONTACT *CONTACT*
Dopplerdomein 12 C, 6229 GN Maastricht
wytske@raw-a.com

Hotel De Boot Gemist een choreografie van het verlangen
Wytske van der Veen

Wat als je de (laatste) boot gemist hebt? Als je blijft steken? Wat als een gedwongen pauze eindeloos lijkt te duren? Als je ... verlangt?
Met als vertrekpunt mijn eigen herinneringen aan de jaarlijkse (vakantie)overtocht naar het Waddeneiland Schiermonnikoog, ontstond dit project. Wonend in de nabijheid van de Friese kust, beklom ik regelmatig de zeedijk om even naar de overkant te kunnen kijken en een glimp van het eiland op te vangen. Het verlangen daar, aan die op dat moment onbereikbare overkant te zijn, is altijd gebleven.
Vanuit de herinnering draagt ieder mens zijn eigen unieke ruimtes met zich mee. Deze ruimtes worden langs de tijdlijn van het leven in het autobiografisch geheugen bewaard. Elke herinnering langs deze lijn functioneert als een anker, geeft identiteit. Architectuur is dus mede bepalend voor de herinnering en daarmee de identiteit van de mens. Herinneren is onderweg zijn, op reis zijn, terugblikken om weer vooruit te kunnen kijken. Dat terugblikken vindt plaats tijdens momenten of intervallen op de tijdslijn van het leven. Men bevindt zich dan in het tussen, de schemerzone tussen verleden en toekomst.
Ik onderzocht zowel mijn eigen herinneringen in relatie tot ruimte en tijd, als ook de wetenschappelijke fenomenen 'herinnering' en 'geheugen'. Naar aanleiding van dat onderzoek definieerde ik een aantal thema's in relatie tot de herinnering: reserveruimte, tussenruimte, echo, pauze, posa, wachten, verlangen, heimwee, tijd. Parallel hieraan onderzocht ik door middel van film (beweging van het verlangen) en klei (de materie van het landschap) hoe deze thema's zich in het Friese kustlandschap en in mijn eigen innerlijke landschap manifesteerden. Deze onderzoeken dienden als leidraad voor het bepalen van het tussen en zodoende als dragers voor het Hotel.
In de ruimte tussen bewustzijn en onderbewustzijn, tussen werkelijkheid en verlangen (projectie), tussen aankomst en vertrek, kortom in de schemerzone van het tussen, daar bevindt zich Hotel De Boot Gemist. Dit Hotel is de choreografie van het verlangen, een onthulling van mijn eigen innerlijk landschap vol herinnering en verlangen, sterk gerelateerd aan het Friese waddenlandschap waarin ik opgroeide, maar toegankelijk voor elke gestrande reiziger, een uitnodiging tot zelfreflectie. De intentie van het Hotel was de verbeelding en poëzie van de herinnering, bestaande uit fragmenten, te materialiseren en daarnaast de

Kamer van de herinnering, collages, (dia)projecties, ruimtelijke modellen. *Room of memories, collages, projections, slide projections, 3D models.*

Corridor van het verlangen (de materie); natte klei, keramiek, glazuur. *Corridor of longing (matter); wet clay, ceramic, glazing.*

Corridor van de tijd; videoprojectie. *Corridor of time; video projection.*

gedachten van de individuele mens (de gestrande reiziger) richting te geven. Het is een aanzet om dit gebied op een andere manier te bekijken en een impuls te geven om de eigen ervaring tot een poëtisch niveau te verheffen.

Het project is een tussenruimte, tussen verleden en toekomst (symbool voor de pauze) en wordt gevormd door fragmenten (zoals in de herinnering en het geheugen). Het is een ervaringsruimte, een ruimte waar ieders herinnering verankerd is of een plaats kan krijgen. Het Hotel vond zijn plek op de oude zolders van het treinstation Maastricht, de plek tussen aankomst en vertrek. Hier kon het worden betreden via een installatie, de materiële verschijningsvorm die het mogelijk maakte immateriële thema's rondom het geheugen en de herinnering 1:1 te kunnen ervaren. De installatie transformeerde de ruimte, verruimde deze, creëerde gangen, kamers, vensters, een horizon, vertelde een verhaal over een 'landschap' vol verlangen, door middel van collages, klei, keramiek, ruimtelijke constructies, videoprojecties, diaprojecties en audio.

Het Hotel, fragmentarisch als de herinnering, bestaat uit losse momentopnames die in continue transformatie zijn (evenals de herinnering, die ook transformeert door de tijd heen). De verschillende fragmenten gaan een dialoog met elkaar aan en vormen tezamen het Hotel. Zowel het landschap als de gestrande reiziger verbinden de fragmenten van het hotel met elkaar.

Slechts de zee vormt de fysieke barrière tussen 'hier en daar'. Maar verlangen en heimwee bevinden zich aan beide zijden van het water. Van Hotel De Boot Gemist rest nu slechts een herinnering ...

Hotel De Boot Gemist a choreography of longing
Wytske van der Veen

What if you miss the last boat? O maybe just miss the boat? What if you get stuck? What if an obligatory pause seems to last for ever? If you... desire?

This project takes its cue from my memories of the annual holiday crossing to Schiermonnikoog in the Wadden Sea. Living near the coast of Friesland, I would regularly climb the sea wall to look across to the other side and catch a glimpse of the island. The desire to be there, what at that moment was the unreachable other side, has never left me.

We all carry within ourselves our own unique spaces drawn from our memories. These spaces are stored in the autobiographical memory along life's timeline. Each memory along this line functions as an anchor, lending identity. Architecture then is a defining element for our memories and therefore our identities. Remembering is being underway, on a journey, looking back to be able to look ahead. That act of looking back takes place at moments or intervals along life's timeline. This places the looker in 'in-between' space, the twilight zone between past and future.

For my research I explored my own memories in relation to space and time as well as 'the memory' (in both senses) as a scientific phenomenon. Following up that research, I defined a number of themes relating to memories: reserve space, in-between space, echo, pause, posa, waiting, desire, nostalgia, time. Parallel to this, I examined using film (movement of longing) and clay (the matter of landscape) how these themes figure in the Friesian coastal landscape and in my own inner landscape. These explorations served as a leitmotif in defining the 'in-between' and, accordingly, as mainstays for the Hotel.

In the space between consciousness and subconsciousness, between reality and desire (projection), between arrival and departure, in short in the twilight zone of the 'in-between', that is where Hotel De Boot Gemist is to be found. This hotel is the choreography of longing, a revelation of my inner landscape full of memories and longing, strongly related to the Wadden Sea landscape in which I grew up, but open to each stranded traveller and therefore an invitation to self-reflect.

The intention behind the hotel was to give material form to the imagination and poetry of memories, consisting of fragments, as well as lend direction to the thoughts of the individual, the stranded traveller. It is a step towards regarding this area in another way and a spur to elevating personal experience to a poetic level.

The project is a space mediating between past and future (symbol of the pause) and is assembled from fragments (as in the memory and in memories). It is a space to experience, a space in which each memory is anchored or can be placed. The hotel settled in the old attics of Maastricht railway station, the place between arrival and departure. Here it could be entered by means of an installation, the material manifestation that made it possible to experience immaterial themes rooted in the memory and memories at 1:1 scale. The

Kamer van de posa; wachtkamer. *Room of posa; waiting room.*

Kamer van de posa; wachtkamer. *Room of posa; waiting room.*

installation transformed the space, enlarged it, created corridors, rooms, windows, a horizon, related a narrative about a landscape full of longing using collages, clay, ceramics, spatial constructions, video projections, slide projections and audio.
The hotel, as fragmentary as memories, consists of random snapshots in time which are in ongoing transformation (just like memories, which likewise transform during a lifetime). The different fragments engage in dialogue and together compose the hotel. Landscape and stranded traveller alike draw the fragments of the hotel together.
Only the sea forms the physical barrier between 'here and there'. But desire and nostalgia themselves exist on both sides of the water. Hotel De Boot Gemist is now nothing more than a memory ...

Corridor van het verlangen II (de projectie) / video-still. *Corridor of longing II (projection) / video still.*

<u>Juryrapport</u>
Het poëtische plan voor wat de ontwerpster 'een tijdelijk onderdak voor de gestrande reiziger, op reis naar de overkant (de toekomst...?)' noemt, bevat een volstrekt authentieke en persoonlijke visie op deze opgave. Door middel van de intrigerende presentatie weet ze een persoonlijke ervaring op doeltreffende wijze over te brengen op de beschouwer. Zowel voor wat betreft de aard van de opgave als de gehanteerde middelen zoekt het plan de grenzen van het vakgebied op. Het plan weet de beschouwer te raken en is in dat opzicht trefzeker. Omdat de persoonlijke ervaring niet zozeer met architectonische middelen wordt overgebracht ligt het plan dicht tegen kunst aan. Het conceptueel sterke plan geeft blijk van de hand van een getalenteerd ontwerper, alle onderdelen, het boek, de ruimtelijke enscenering en de krachtige beelden zijn prachtig vormgegeven.

<u>Jury report</u>
This poetic project for what its designer calls 'a temporary shelter for the stranded traveller on their journey to the other side (the future...?)' embodies an utterly original and personal perspective on this brief. Armed with an intriguing presentation, she manages to convey a personal experience to the observer in the most effective manner. Both the nature of the task and the means used to achieve it explore the boundaries of the architectural discipline. The project succeeds in affecting the observer and in that sense is right on target. As architectural means are less in evidence in conveying this personal experience, the project is close to being art. Its conceptual strength is proof of the designer's considerable talent, and all components, the book, the spatial production and the high-powered images are superb.

HUIS VAN DE BLAUWE REVOLUTIE
OLIVIER VET

Huis van de Blauwe Revolutie *House of the Blue Revolution*

Het onderzoeksinstituut voor aquacultuur wordt ingezet als strategisch element in de transitie van de Scheveningse vissershaven naar een kennishaven. *The research institute for aquaculture deployed in Scheveningen as a strategic element in the transition from fishing port to haven of knowledge .*

Olivier Vet

OPLEIDING *PLACE OF EDUCATION*
AAS Tilburg
STUDIERICHTING *SPECIALIZATION*
Architectuur *Architecture*
MENTOREN *TUTORS*
Koen Drossaert, Jan Willem van Kuilenburg, Pieter Feenstra
CONTACT *CONTACT*
Markgravelei 143, 2018 Antwerpen (Belgie)
studio@oliviervet.be

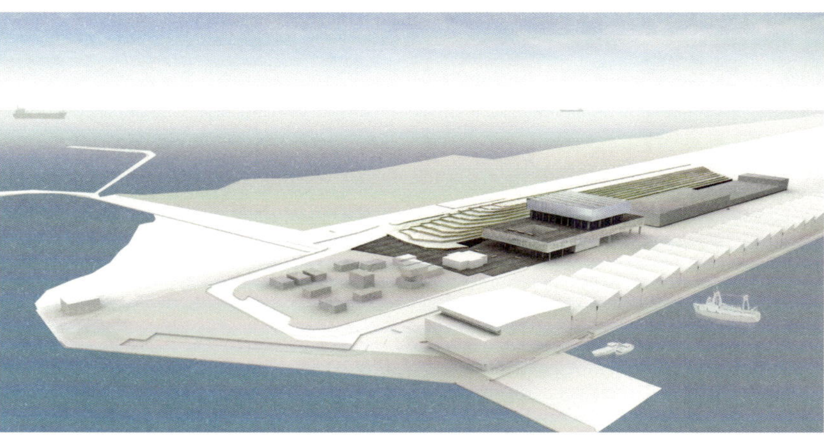

Het Huis van de Blauwe Revolutie is een incubator voor een transformatie van een vissershaven naar een kennishaven. *The House of the Blue Revolution is an incubator for transforming a fishing port into a haven of knowledge.*

Vanaf de Visafslagweg zijn de verschillende lagen van bestaande gebouwen, onderzoek en publieke ruimte zichtbaar. *The separate layers of existing buildings, research and public space are visible from the road (Visafslagweg).*

Het plein dient als verblijfsruimte en voor visgerelateerde evenementen. Het transparante volume van het Huis van de Blauwe Revolutie is hierbij een permanent decor. *The plaza serves as a place to linger and for public events relating to fish, with the transparent volume of the House of the Blue Revolution as a permanent backdrop.*

Huis van de Blauwe Revolutie
Olivier Vet

Het Huis van de Blauwe Revolutie biedt een strategie die inspeelt op veranderingen in de Scheveningse vissershaven. Het laat zien hoe de herwaardering van dit industrieterrein op verschillende schaalniveaus kan plaatsvinden, met groot respect voor de eigenheid en historie van de plek. Daarbij staat het onderzoeksinstituut voor aquacultuur centraal. Het is een broedplaats waar netwerken van onderzoek, marktpartijen, politiek en creativiteit op het gebied van aquacultuur elkaar kruisen.

Een belangrijk uitgangspunt voor het ontwerp is de strategische fasering van de gebiedstransformatie. Het instituut voor aquacultuur werkt daarbij als incubator. Met de transformatie van productiehaven naar kennishaven kan de Scheveningse haven een van de eerste volledige eco-effectieve bedrijvenzones in Nederland worden en een aantrekkingspool voor internationale investeerders in technologieën van de toekomst.

De Visafslagweg is een bijzondere plek voor Scheveningen, niet vanwege de hoogstaande architectuur, maar om de sfeer van traditie, ambacht en visserij. Uitgangspunt van dit project is dan ook niet de oude industrie af te breken en te vervangen door nieuwe, maar om juist een toevoeging te ontwerpen die zich binnen het proces van transformatie naar behoefte kan vullen. De invulling van deze gebouwen kan zich in het gewenste tempo voltrekken.

De nieuwe structuur wordt als een volgende laag over de haven met de bestaande functies heen gelegd en laat weinig littekens achter. Het project is een vertaling van diverse sociaaleconomische grafieken van verandering: de stijgende lijn van aquacultuur ten opzichte van de dalende lijn van de visserij, economische cycli en de opkomst van de kennistechnologie. Zowel de locatie, als het gebouw en het programma moeten in staat zijn deze veranderingen te kunnen huisvesten, zonder afbreuk te doen aan de kwaliteit van de plek en de betekenis ervan voor Den Haag.

De interactie tussen publiek en wetenschap wordt gevoed door het toevoegen van een publiek plein en dek waar de ontwikkeling van de oude visserij naar een innovatieve aquacultuur zichtbaar wordt. Het gebouw heeft drie soorten gebruikers: onderzoekers, professionele bezoekers en algemeen publiek. Voor de onderzoekers is het onderzoekscentrum een dagelijkse werkplek waarbij onderscheid wordt gemaakt tussen een nat (kweekvijvers) en droog (laboratoria en werkplekken) programma. Tot de professionele bezoekers behoren de viskwekers en producenten, beleidsmakers en financiers. Voor hen is het gebouw een marktplaats voor kennis.

Ook het algemeen publiek kan in het onderzoekscentrum terecht. Voor de toevallige passant hebben plein en dek vooral waarde als verblijfsruimte. Voor de groeiende groep maatschappelijk geëngageerde, milieubewuste en kennisgerichte burgers is deze plek een uithangbord voor onderzoek en wetenschap en duurzame economie. Zij kunnen gebruik maken van het bezoekerscentrum, de tentoonstellingen in het visforum en rondleidingen door het instituut. Voor alle gebruikers is er op het dek een visbodega, waar de laatste soorten kweekvis kunnen worden geproefd.

Het gebouw van het onderzoekscentrum is opgevat als een verzameling klimatologische condities. De binnen- en buitengevel worden feitelijk van elkaar losgetrokken. Hierdoor ontstaat een tussenklimaat dat als buffer kan dienen om extreme omstandigheden te nuanceren. Door het gebruik van plaatselijk geconditioneerde ruimtes wordt het energieverbruik voor verwarming en koeling beperkt tot de ruimtes waar deze echt noodzakelijk zijn. Naar gelang de omstandigheden van het buitenklimaat kan het overschot aan warmte of koude worden opgeslagen in de bodem, of direct worden hergebruikt volgens het principe van betonkernactivering. Dit systeem is tevens toepasbaar voor nachtkoeling waarbij het totale gebouw wordt 'opengezet' en zich kan volzuigen met gezonde koele zeelucht, zodat in de zomer binnen één dag een aangenaam binnenklimaat wordt verkregen.

Het gebouw wil op intelligente wijze profiteren van de geografie en infrastructuur. Het gebruikt de aanwezige klimatologische omstandigheden, geothermiek en de landschappelijke kwaliteiten van het gebied. *The building seeks to profit intelligently from the geography and infrastructure, tapping into the received climatological circumstances, geothermal energy and local landscape qualities.*

groei aquacultuur *growth of aquaculture*
toerisme *tourism*
kondratieff curve *Kondratiev wave*
vastgoedmarkt *property market*
kenniseconomie *knowledge economy*
conflicten *conflicts*
visvangst *fish catch*
productieeconomie *production economy*
2000 2015 2030

Het Huis van de Blauwe Revolutie wil een vertaling zijn van diverse sociaaleconomische grafieken van 'verandering'. *The House of the Blue Revolution seeks to be a rendition of several socioeconomic graphs of 'change'.*

House of the Blue Revolution

Olivier Vet

The House of the Blue Revolution presents a strategy that picks up on changes in the fishing port in Scheveningen. It shows how this industrial area can be upgraded at different scales, respecting its distinctive character and the history at that site. The research institute for aquaculture has a key role to play in this. It is an incubator where networks of research, market players, politics and creativity in the field of aquaculture intersect.

An important stepping-off point for the design is that the area is to be transformed strategically in phases, with the aquaculture institute serving as an incubator. In changing the purpose of the Scheveningen port from production to knowledge, it can develop into one of the Netherlands' first fully eco-effective business zones and a magnet for international investors in future technologies.

Visafslagweg is a special road for Scheveningen, not because of its architecture but for the air it exudes of tradition, age-old skills and fisheries. This project therefore proceeds not from demolishing the old industrial fabric in exchange for a new one but rather from designing an increment that can meet a need within the process of transformation. These buildings can then be fleshed out at the required speed.

The new structure is draped as a subsequent layer over the port and its received activities leaving few if any scars. The project is a rendition of several socioeconomic graphs of change: the rise of aquaculture as against the decline of the fisheries, economic cycles and the emergence of knowledge technology. Location, building and programme need to be capable of accommodating these changes without compromising the quality of the place and its significance for The Hague.

The interaction between the public and the world of science is fuelled by adding a public plaza and deck where the development of the old fishing industry into cutting-edge aquaculture is put on show. The building has three categories of person using it: researchers, professional visitors and the general public. For the researchers, the centre is their daily place of work, divided into a wet programme (breeding pools) and a dry programme (laboratories and workplaces). Among the professional visitors are fish breeders and producers, policymakers and financers. For them the building is a marketplace for knowledge.

The general public is just as welcome in the research centre. For the casual passer-by the plaza and deck are most valued as a place to linger. For the swelling group of socially enlightened, environmentally aware and knowledge-seeking citizens, this place is a billboard for research & knowledge and sustainable economics. They can make use of the visitor centre, view the exhibitions in the 'fish forum' and take guided tours through the institute. There is a fish bar on the deck open to all users where they can sample the most recently bred species of fish.

The building housing the research centre is conceived of as an assemblage of climatological conditions. The inner and outer leaves of the facade are in effect pulled apart to generate an in-between climate that can act as a buffer to temper extreme conditions. By using locally conditioned spaces the energy consumption for heating and cooling is limited to the spaces that really need one or the other. Depending on the circumstances the surplus heat or cold is stored in the ground or reused directly in accordance with the principle of concrete core activation. This system can also be applied to night cooling whereby the entire building is 'opened up' and can fill itself by suction with healthy cool sea air so that in summer a pleasant indoor climate can be obtained within one day.

Het publieke plein wordt doorgetrokken als panoramadek op het instituut en geeft een uniek uitzicht over zee, de stad en de haven. *The public plaza extends as a panorama deck atop the institute and gives a unique view over sea, city and port.*

Visforum. *Fish forum.*

Juryrapport

Het Huis van de Blauwe revolutie is een onderzoeksinstituut voor aquacultuur, dat is bedoeld als aanjager voor de transformatie van de haven van Scheveningen tot kennishaven. Het instituut herbergt een veelheid aan interessante functies terwijl de meest geavanceerde technieken worden ingezet ten behoeve van de klimaatinstallaties. De ontwerper stelt zich hiermee een interessante opgave. Het instituut past naadloos binnen de ontwikkelde strategie voor de transformatie van de haven. Daarmee zijn alle ingredienten voor een inspirerend plan aanwezig: een mooi programma, een goede locatie en een sterke ontwikkelingsstrategie. Helaas overtuigt het ontwerp niet. Het blijft schematisch en houdt daardoor het karakter van een getekend programma van eisen.

Jury report

The House of the Blue Revolution is a research institute for aquaculture intended as a spur to transforming Scheveningen port into a haven of knowledge. The institute accommodates a whole host of compelling activities equipped with the most advanced techniques in climate control. The designer has set himself a fascinating task. The institute fits perfectly within the developed strategy to transform the port. All the ingredients for an inspirational design have been mustered for the occasion: a strong programme, a well-chosen site and a solid development strategy. Unfortunately the design itself is unconvincing. It remains rudimentary, almost as if the brief had been rendered in two dimensions.

Infratopia een nieuwe stationstypologie. *A new station type.*

Toegepast in een nieuw station in Den Haag behoort met infratopia, het stationsgebouw tot de verleden tijd. Het stationsgebouw verdwijnt en de tram, bus en trein komen terug in de straat en in de stedenbouwkundige structuur. De stromen worden niet gedwongen in één gebouw samen te komen en de overstap gaat via de openbare ruimte. *With infratopia applied in a new station in The Hague, the station concourse has become a thing of the past. Out goes the station concourse and the tram, bus and train return to the street and the urban structure. The flows are no longer forced to converge in a single building and the transfer takes place via the public domain.*

Telma van Gestel

OPLEIDING *PLACE OF EDUCATION*
AAS Tilburg
STUDIERICHTING *SPECIALIZATION*
Architectuur *Architecture*
MENTOREN *TUTORS*
Carolien Ligtenberg, Jan Willem van Kuilenburg, Pieter Feenstra
CONTACT *CONTACT*
Eisingahof 36, 5025 DN Tilburg
t.vangestel@gmail.com

Infratopia wordt middels een civieltechnische ingreep, interieur bekleding en invulling van de openbare ruimte toegepast in de stad. De stad is het casco waarin het infrastructureel weefsel wordt geïmplementeerd. *A civil-engineering intervention, interior cladding and public space infill all ease Infratopia into the city. The city being the carcass in which the tissue of infrastructure is implemented.*

INFRA-TOPIA

TELMA VAN GESTEL

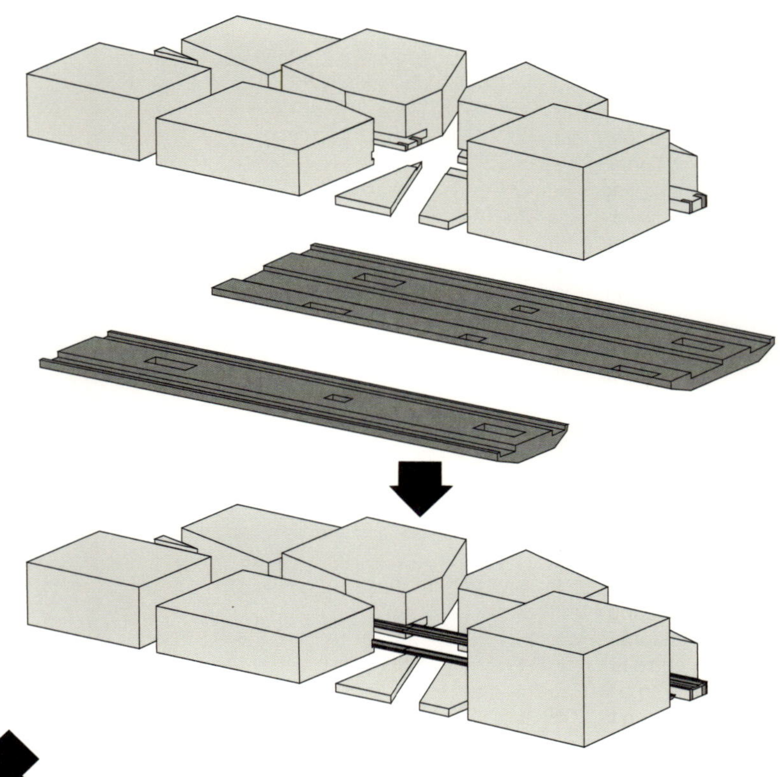

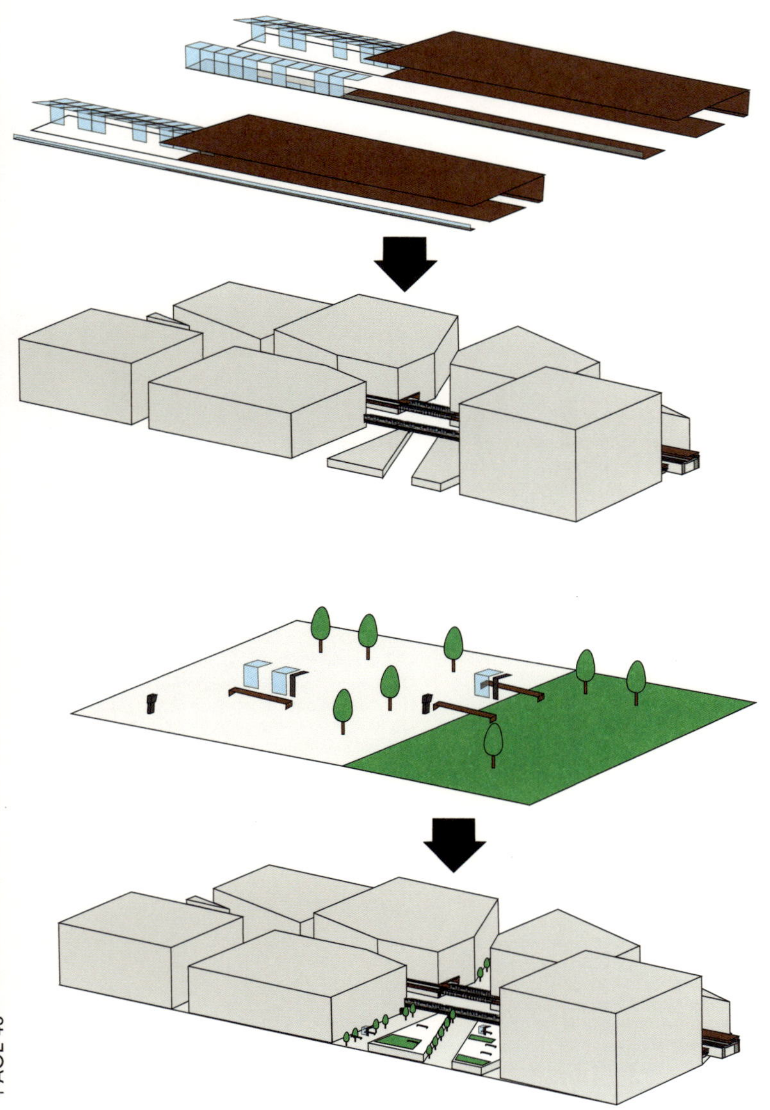

Infratopia een nieuwe stationstypologie
Telma van Gestel

Infratopia wordt anders dan de klassieke stations, waarbij alle vervoersstromen als bus en tram een plek kregen op het stationsplein of rondom het stationsgebouw. En anders dan de stations die tegenwoordig veelal gebouwd worden, de zogenaamde overstapmachines, waar alle vervoersstromen in één gebouw samenkomen. Dit om comfort te bieden aan de reiziger maar met als gevolg dat de vervoersknoop zélf steeds complexer wordt.

Infratopia staat voor een hoge concentratie van infrabundels, opgenomen in het stedelijke weefsel, als bronpunt en toegang tot de stad. Het wordt een integraal onderdeel van de stad, zoals een stadspark of een marktplein, maar dan zo sterk geïntegreerd dat het in het stedelijke weefsel wordt opgenomen.

In Den Haag ontstaat een uitgelezen plek voor het toepassen van deze nieuwe stationstypologie. Door het verplaatsen van het kopstation naar de doorgaande lijn, komt de barrière van het spoortracé te vervallen en worden vier aangrenzende stadsdelen aaneen gevlochten. Het is een forse ingreep in de stedenbouwkundige structuur die een krachtig weefsel oplevert en de stad op een perfecte manier repareert. De bouw van een traditioneel station zou afbreuk doen aan het ontstane weefsel en opnieuw een barrière opwerpen. Door toepassing van de nieuwe stationstypologie ontstaat een comfortabel overstapmechanisme dat je van alle kanten en op elke manier kunt betreden, ingebed in de stad.

Infratopia, de nieuwe stationstypologie, kent een aantal ontwerpuitgangspunten en randvoorwaarden. De vormgeving heeft hier bijvoorbeeld geen betrekking op de architectuur van de bouwblokken of de infrabundels, maar juist op de snijpunten tussen beide en op de wijze van afwikkeling en horizontale verplaatsing. De stad is het casco waarin het infrastructurele weefsel wordt geïmplementeerd en de plekken waar deze twee elkaar raken, worden vormgegeven.

Infratopia wordt middels een civieltechnische ingreep, interieur bekleding en invulling van de openbare ruimte toegepast in de stad.

De omhulling, de stad, kan te allen tijde veranderen, waardoor het 'station' transformeerbaar en flexibel wordt. Generieke en specifieke programmering van de stad voegt een extra laag toe zodat overstaplocaties een eigen identiteit krijgen. Voor de bezoeker van de stad zijn

De stad is perfect geheeld. Middels infratopia blijft deze structuur intact en wordt het station en de bijbehorende infrastructurele stromen direct ingebed in de stad. Om de stationstypologie op de juiste wijze toe te kunnen passen is er een leidraad ontwikkeld met randvoorwaarden en ontwerpuitgangspunten. *The city has healed perfectly. Thanks to infratopia this structure has remained intact and the station and attendant infrastructure flows are now embedded in the city. A leitmotif of planning constraints and design premises has been developed to be able to apply the station type in the correct manner.*

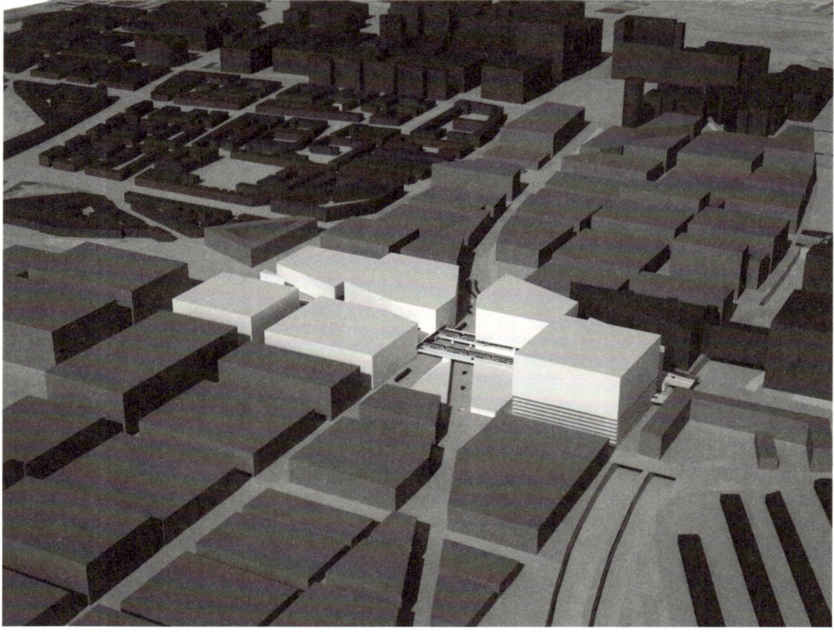

het herkenbare plekken en ook bewoners zullen hun stad erin herkennen. Tot het generieke programma behoren functies als kantoor, educatie en café. De specifieke programmering heeft een echt Haags karakter met bijvoorbeeld een buurtsuper, een dependance van poppodium Het Paard en een expositieruimte voor de kunstenaars uit de Binckhorst. De infra wordt hierdoor direct gekoppeld aan de stad en het maatschappelijke leven. Met Infratopia is er geen grens meer tussen de stad en de halte of het perron. Pas als je de trein, bus of tram instapt verlaat je het domein van de stad en infratopia.

Infratopia a new station type
Telma van Gestel

Infratopia differs from the traditional stations where all transport flows (bus, tram etc) had a place on the station forecourt or around the station concourse. It also differs from most stations built nowadays, so-called transportation hubs, where all transport flows converge in one building. Designed to make travellers comfortable, all it does is make the transport hub more complicated.

Infratopia stands for a high concentration of bundles of infrastructure assimilated into the urban fabric as a source point and a point of access to the city. It emerges as an integral component of the city, much like an urban park or market square, but then so firmly integrated as to be taken up in the urban fabric.

The Hague now has the perfect place for applying this new station type. Now that the railway terminus has been relocated to the through line, the urban barrier of tracks has fallen away allowing four neighbouring areas to be stitched together. A weighty intervention in the urban structure, it brings with it a high-powered fabric for a perfect city repair job. To build a traditional station would intrude upon the received fabric and throw up a new barrier. The new station type provides a comfortable transportation hub that can be accessed from all sides and in every way, embedded in the city.

Infratopia, to give the new station type a name, has several design premises and planning constraints. Its visual form, for example, is unrelated to the architecture of the city blocks or to the bundles of infrastructure, but relates instead to where the two intersect and to the mode of throughput and horizontal movement. The city is the

Zicht op de ondergrondse perrons met vertrek naar en aankomst uit de richting Gouda en Utrecht. *View of the underground platforms for arrivals and departures in the direction of Gouda and Utrecht.*

Oude en nieuwe situatie in Den Haag, ter plaatse van het Carrefour met daaromheen de vier stadsdelen. Het kopstation komt te vervallen en het station krijgt een nieuwe plek op de spoorkruising, het Carrefour. Dit heeft een vrij forse ingreep in de stedenbouwkundige structuur tot gevolg. *Old and new situation in The Hague at the Carrefour with the four areas around it. The railway terminal is relinquished and the station relocated at the crossing or Carrefour, requiring some serious inroads in the urban structure.*

structural shell in which the tissue of infrastructure is implemented and the places where these two touch are given shape. Infratopia nestles in the city thanks to a civil engineering intervention, interior cladding and infill of the public domain.

The shell, the city, can change at all times so that the 'station' is made to be transformable and flexible. Generic and specific programming of the city adds an extra layer so that transfer points have identities of their own. These places are readily identifiable for visitors and residents will also see their city in them. Items on the generic programme include office, education and café. The specific programme has a definite Hagueness about it and includes a local supermarket, a branch of Het Paard pop/rock venue and a gallery where artists from the Binckhorst area can exhibit their work. By these means the infrastructure is directly hitched to the city and to city life. Infratopia razes the border between city and transport stop or platform. It is only when boarding a train, bus or tram that you leave the city and infratopia behind.

Vogelvlucht vanuit de zuidzijde, kijkend in de richting van de stad. Er ontstaat een landschap van stad en infrastructuur, een plek waar je ook kunt zijn en verblijven op het moment dat je niet met de trein gaat. *Aerial view from the south, looking towards the city. A landscape of city and infrastructure emerges, a place where you can be and spend time at moments when you are not travelling by train.*

Exploded view
1 bouwblokken *city blocks*
2 verticale oversteekpunten *vertical crossing points*
3 busviaduct *bus viaduct*
4 tramlijn *tram line*
5 randstadrail
6 sporen corridor Rotterdam – Den Haag – Amsterdam *tracks of Rotterdam –The Hague – Amsterdam corridor*
7 bovengrondse parkeergarage *above-ground car parking*
8 ondergrondse fietsenstalling
9 hellingbaan *ramp underground bicycle garage*
10 ondergrondse parkeergarage *underground car parking*
11 ondergrondse spoortunnel *underground railway tunnel*

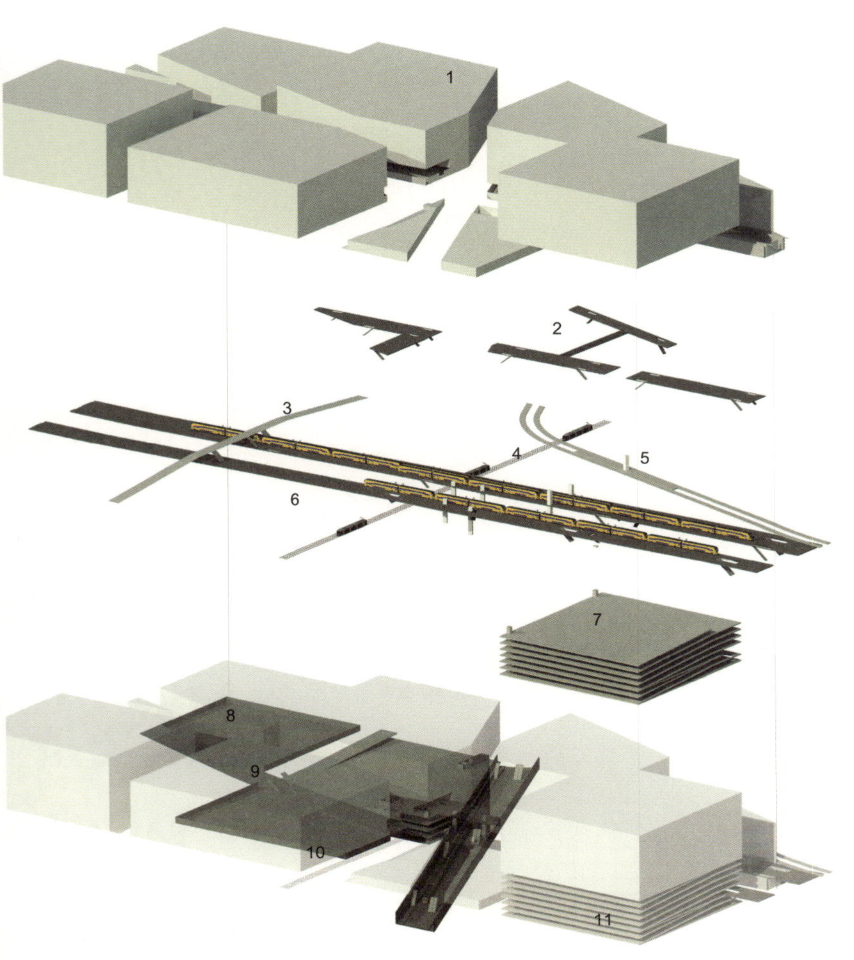

Juryrapport

Dit project kent een goede heldere inzet. Het is de bedoeling om een nieuwe typologie te ontwikkelen voor een openbaarvervoersknooppunt. Dat moet een integraal onderdeel vormen van het stedelijk weefsel. Het is een waardevolle exercitie om dit principe te onderzoeken en om te onderzoeken hoe de samenhang in de stad rond openbaar vervoer knooppunten versterkt kan worden. Stations en de bijbehorende infrastructuur vormen vaak een ongewenste barrière in de stad. Als locatie voor de concretisering van het concept wordt Den Haag gekozen. Het plan voorziet in een nieuw knooppunt in de Binckhorst. De bestaande stations, Hollands Spoor en Den Haag Centraal verdwijnen. Hoewel het architectonisch ontwerp niet echt overtuigt en vrij schematisch blijft, toont het plan wel aan dat de gevolgde strategie goed geschikt is om de barrière van het spoor te slechten en de lokale samenhang van het stedelijke weefsel te bevorderen. In dat opzicht is het plan in zijn opzet geslaagd. Onduidelijk blijft echter waarom het station als herkenbare entiteit moet verdwijnen en wat de consequenties voor Den Haag zijn, zoals de minder goede relatie van het knooppunt tot het stadscentrum.

Jury report

This project has a strong, clear mission. Its designer's intention is to develop a new typology for a public transport hub. This is to be an integral part of the urban fabric. It is a worthwhile exercise to explore this principle and to examine ways of strengthening the cohesion in the city around public transport nodes. Stations and the infrastructure attendant on them are often an undesirable barrier in cities. The designer has chosen The Hague as the site to give shape to this idea. The project constructs a new hub in the Binckhorst area. The existing stations of Hollands Spoor and Den Haag Centraal are to go. Although the architectural design fails to fully convince and remains somewhat rudimentary, the project does show that the strategy followed is eminently suited to razing the barrier of railway tracks and advancing local cohesion in the urban fabric. In that respect the project has succeeded in its mission. Just why the station type, as a recognizable entity, has to disappear and what the repercussions would be for The Hague, for instance because of the less firm relationship between hub and city centre, are issues that are left unresolved.

Kindernachtverblijf *Child night care centre*

Woningbouw voor schipperskinderen van 6 tot 18 jaar op het Zeeburgereiland in Amsterdam.
Housing for bargee children aged 6 to 18 on Zeeburgereiland in Amsterdam.

Thomas van Nus

OPLEIDING *PLACE OF EDUCATION*
AvB Amsterdam
STUDIERICHTING *SPECIALIZATION*
Architectuur *Architecture*
MENTOREN *TUTORS*
Micha de Haas, Peter Defesche, Bas Liesker
CONTACT *CONTACT*
IJplein 209, 1021 LG Amsterdam
thenuster@yahoo.de

KINDER-NACHT-VERBLIJF

THOMAS VAN NUS

Kindernachtverblijf
Thomas van Nus

'een huis zonder stuurhut'

Het binnenvaartschip, met huis aan boord, maakt een eindeloze reis over de kanalen en rivieren. De kinderen die op het varende huis wonen, zien door hun slaapkamerraam een alsmaar veranderende horizon. Het kind moet naar school, de school staat op palen in de grond. Vanuit de huisdeur is de school soms 'om de hoek' dan weer aan het andere eind van het lange kanaal. Een tweede huis voor de slaapkamer van het kind. De horizon door het slaapkamerraam blijft stilstaan. De cyclus van gaan en komen, het ritme van de dag, de leeftijdsperiodes. De eerste zes jaar van het leven van een schipperskind vinden plaats op een schip. Na zes jaar aan boord begint het schoolleven aan land. Hiervoor is huisvesting nodig: het kindernachtverblijf, woningbouw voor het schipperskind. Van zes tot achttien jaar verblijven de kinderen doordeweeks in het kindernachtverblijf. Overdag gaan zij naar school in de buurt. Weekends en vakanties brengen ze met hun ouders op het schip door.
Van een varend huis naar een huis op palen in de grond, van het leven in een gezin naar het leven in een gemeenschap van kinderen. Het is een zoektocht naar schaal en proportie, openbaar, collectief en privé, het dagelijkse ritme, het besef van tijd en ruimte in de periode van het opgroeien. Het huis is in de leer.

3HUIS, wintertuin. *3HOUSE, winter garden.*

6HUIS, 'voor'huis. *6HOUSE, 'front' house.*

Child night care centre
Thomas van Nus

'a home without a wheelhouse'

Inland craft with a home on board endlessly ply the canals and rivers. The children who live on these sailing houses see through their bedroom window an endlessly changing horizon.
These children have to go to school, a school standing on piles sunk into the ground. At times the school is 'just round the corner' from their front door, at others it is at the far end of the long canal. Hence this second house for the child's bedroom. The horizon through these bedroom windows stays the same. The cycle of coming and going, the daily rhythm, the different phases of a child's life.
The first six years in the life of a bargee child are spent on board ship. After that, they start going to school ashore. This requires accommodation, namely the child night care centre, housing for bargee children. From their sixth to their eighteenth year they stay during the week at the night care centre, going to a local school during the day. Weekends and holidays are spent with their parents aboard ship.
From a sailing home to a home founded on terra firma, from life in a family to life in a community of children. It is a quest for scale and proportion, public, communal and private, the daily round, the awareness of time and space in the period of growing up. The house itself is at school.

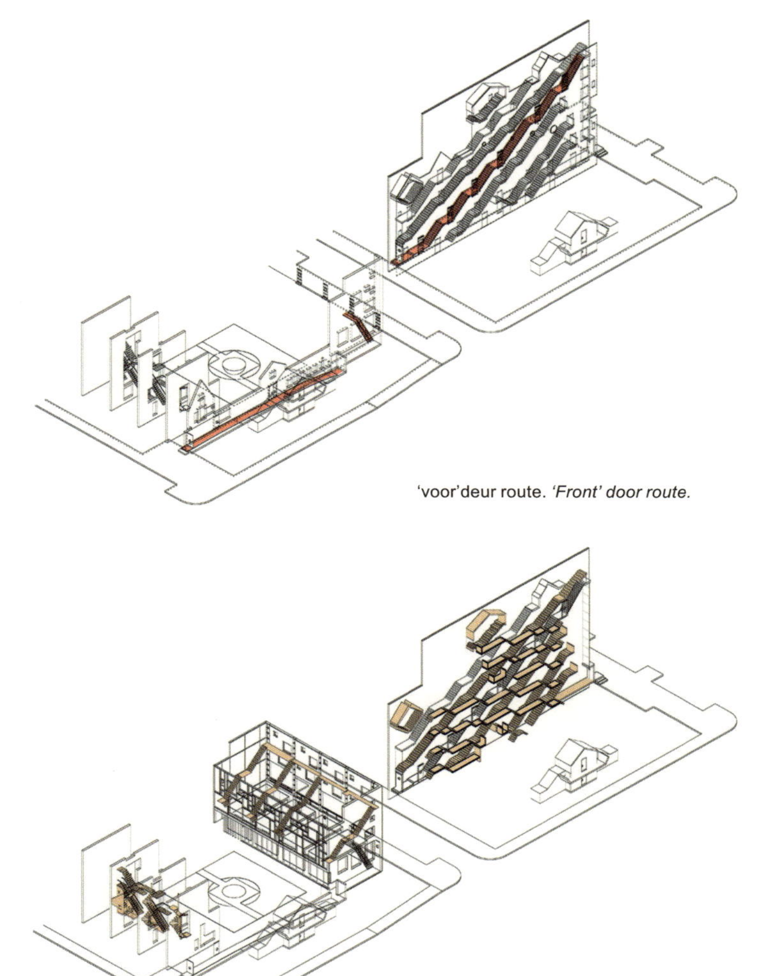

'voor'deur route. *'Front' door route.*

'achter'deur route. *'Back' door route.*

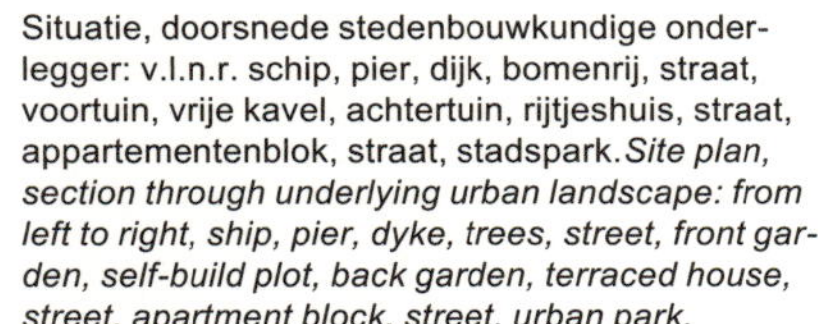

Situatie, doorsnede stedenbouwkundige onderlegger: v.l.n.r. schip, pier, dijk, bomenrij, straat, voortuin, vrije kavel, achtertuin, rijtjeshuis, straat, appartementenblok, straat, stadspark. *Site plan, section through underlying urban landscape: from left to right, ship, pier, dyke, trees, street, front garden, self-build plot, back garden, terraced house, street, apartment block, street, urban park.*

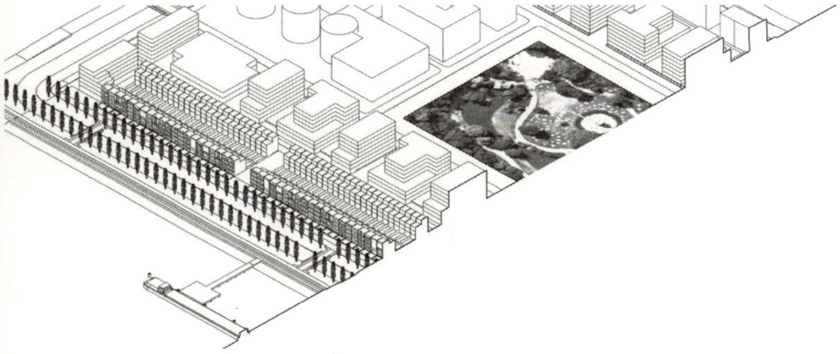

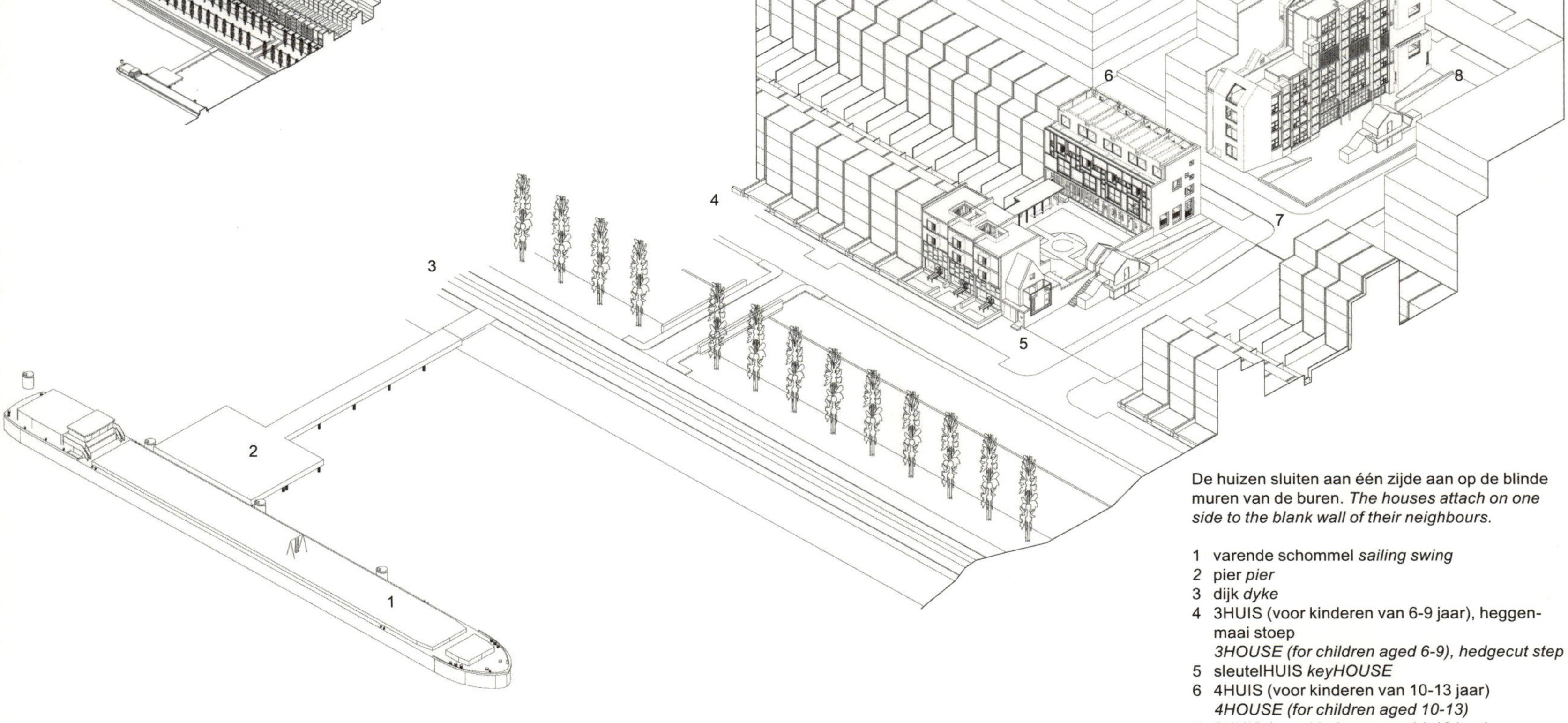

1 2 3 4 5 6 7 8

De huizen sluiten aan één zijde aan op de blinde muren van de buren. *The houses attach on one side to the blank wall of their neighbours.*

1 varende schommel *sailing swing*
2 pier *pier*
3 dijk *dyke*
4 3HUIS (voor kinderen van 6-9 jaar), heggenmaai stoep
3HOUSE (for children aged 6-9), hedgecut step
5 sleutelHUIS *keyHOUSE*
6 4HUIS (voor kinderen van 10-13 jaar)
4HOUSE (for children aged 10-13)
7 6HUIS (voor kinderen van 14-18 jaar)
6HOUSE (for children aged 14-18)
8 bezinkbakHUIS *settling-tankHOUSE*

3HUIS, overdag. *3HOUSE, during the day.*

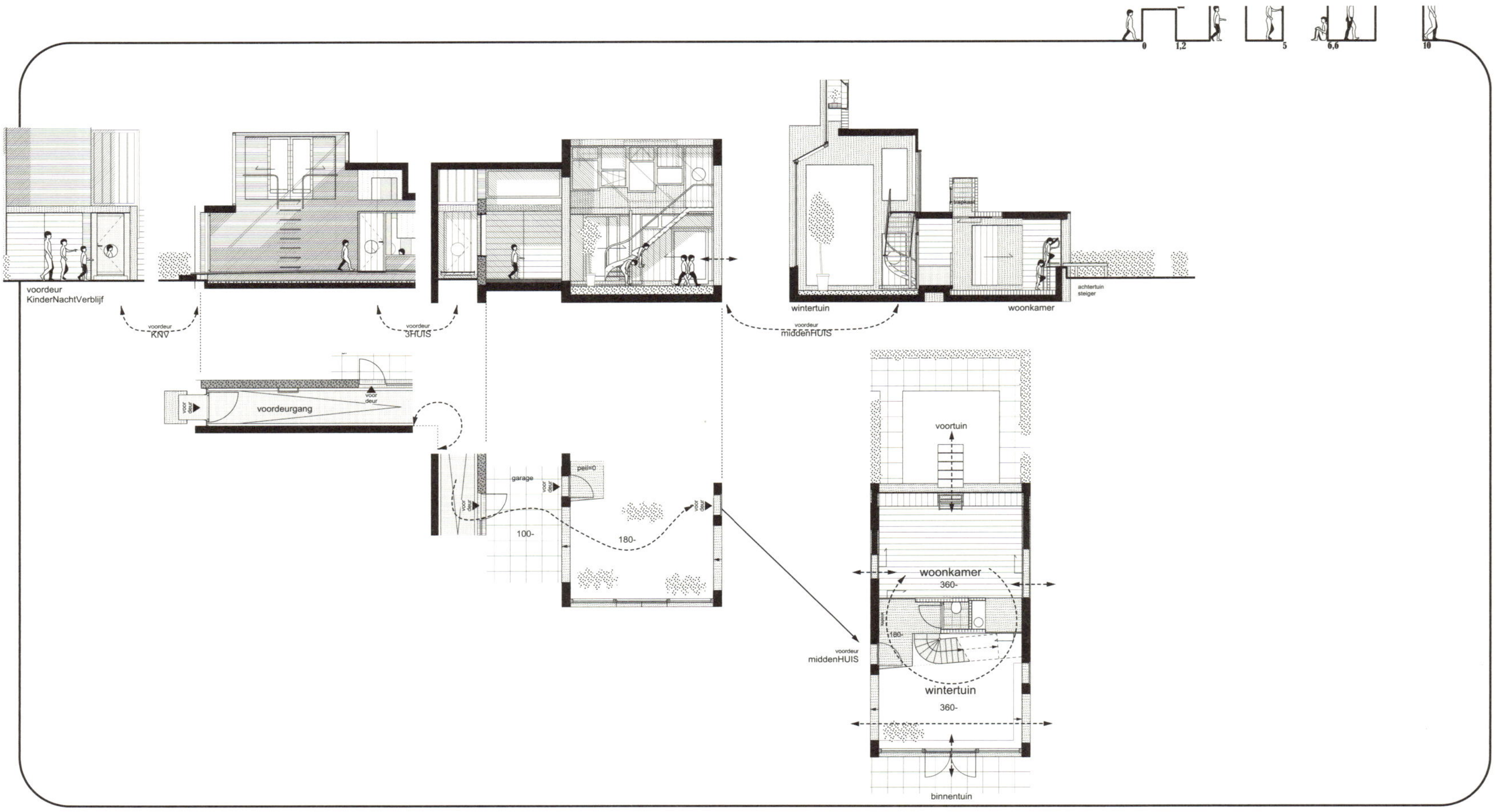

4HUIS, trapspouw. *4HOUSE, stairgap.*

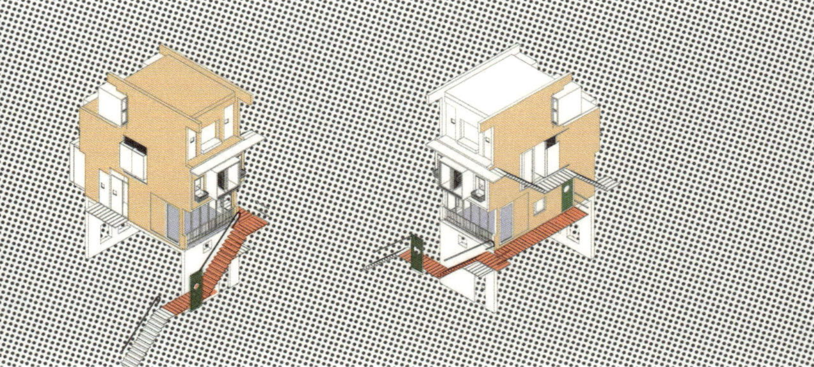

4HUIS, rondom één houtenhuis. *4HOUSE, around one timberhouse.*

Juryrapport
Met het eigenzinnige en onmiskenbaar met zeer veel liefde en zorg ontworpen plan voor een internaat voor schipperskinderen presenteert de ontwerper een leefomgeving die erg goed aansluit bij de specifieke functie. Op de locatie in Amsterdam waar schippers van oudsher al aanleggen is een prachtig, gelaagd plan ontworpen. De complexe, lastig toegankelijke presentatie geeft de kwaliteiten van het ontwerp pas bij nadere bestudering prijs. De jury heeft veel waardering voor de gedegen stapsgewijze aanpak, de diepgaande studie en de zorgvuldige uitwerking. Hooguit schiet het plan enigszins door in de wil om alles te ontwerpen. Vooral in het interieur komt de sfeer van een schip tot leven, waardoor het goed voorstelbaar is dat het goed aansluit bij de bijzondere leefwereld van deze kinderen.

Jury report
This highly individual project, clearly designed with a great deal of love and care, for weekday accommodation for the children of bargees presents a living environment that accords wonderfully well with the purpose it serves. Located in Amsterdam at a place where barges have always moored, it is a superb, layered design. The complex, difficult-to-access presentation reveals the qualities of the design with perseverance. The jury has nothing but praise for the measured stepwise approach, the in-depth study and the meticulous execution. Its one failing may lie in the entrant's urge to design everything. The interior is particularly redolent of being aboard ship, so that bargee children would be most likely to accept it as part of their remarkable world.

De metamorfose van de Coolsingel, of de weldadige kaalslag van de Stad. *The metamorphosis of Coolsingel, or the benign demolition of the City.*

Het ontwerp onderzoekt de essentie van de architectonische metamorfose door de Coolsingel te transformeren tot luchthaven om vervolgens, wanneer de vliegtuigen verdwenen zijn, de Coolsingel in een nieuwe gedaante te laten wederkeren. *The design examines the essence of architectural metamorphosis by transforming the Coolsingel area in Rotterdam into an airport. Once the planes have gone, Coolsingel can return in a new guise.*

Lieke van Hooijdonk, Elsbeth Ronner, Lilith van Assem

OPLEIDING *PLACE OF EDUCATION*
TU Delft
STUDIERICHTING *SPECIALIZATION*
Architectuur *Architecture*
MENTOREN *TUTORS*
Dirk Somers, Machiel van Dorst, Engbert van der Zaag, Dirk Sijmons
CONTACT *CONTACT*
Lieke van Hooijdonk; Fahrenheitstraat 15
5621 BP Eindhoven
lieke@lilithronnervanhooijdonk.nl
Elsbeth Ronner; Zaagmolenstraat 165 C2
3036 HK Rotterdam
elsbeth@lilithronnervanhooijdonk.nl
Lilith van Assem; Zwart Janstraat 80 B1
3035 AW Rotterdam
lilith@lilithronnervanhooijdonk.nl

DE METAMORFOSE VAN DE COOLSINGEL

LIEKE VAN HOOIJDONK + ELSBETH RONNER + LILITH VAN ASSEM

Terminal Postkantoor. *Post office terminal*

Terminal Stadhuis. *Town Hall terminal.*

Terminal Stadhuisplein. *Stadhuisplein.*

Zicht over de landingsbaan. *View over the runway.*

De metamorfose van de Coolsingel,
of de weldadige kaalslag van de Stad
Lieke van Hooijdonk, Elsbeth Ronner, Lilith van Assem

Architectuur heeft de gewoonte te laat te komen, en vervolgens veel te lang te blijven. De stad is niet de plek die wij bedachten maar veeleer de plek die anderen ons hebben nagelaten. Zo bewonen wij met zijn allen de keuzes, de vergissingen en de hoogtepunten van hen die ons vooraf gingen. De paradox tussen de traagheid van het gebouwde en de vluchtigheid van het gebruik, is het uitgangspunt voor het afstudeerproject.

De metamorfose van de Coolsingel, of de weldadige kaalslag van de Stad onderzoekt de essentie van de architectonische metamorfose. Middels metamorfose confronteert het project zichzelf met de consequenties van een zinloze hypothese in een stedelijke omgeving die ons, op zijn beurt, belast met het vraagstuk van de autonomie van de architectuur. Hoe dienend moet architectuur zijn, als ze niet weet wie ze tenslotte zal dienen? Wat is de consequentie van de startpositie van het architectonisch ontwerpen? Dit spanningsveld is in essentie het 'to be, or not to be' van de architect.

Metamorfose is de poëtische evenknie van transformatie. In tegenstelling tot transformatie zet metamorfose een schijnbaar doelloze verandering in gang. Een verandering onder invloed van de betekenis die de sleutelfiguren Ovidius, Goethe en Kafka eraan hebben gegeven. Onderzoek naar de veelzijdigheid van het begrip heeft geleid tot een ontwerpmethodiek. De methodiek, beginnend met een vervreemdende metamorfose, gevolgd door een verankering in de omgeving en concluderend met de verdwijning van het vervreemdende element, impliceert een rigide gedachte-experiment. Na de verdwijning resteert een ontwerp dat de intrinsieke kwaliteit van het subject aan het licht brengt. De Coolsingel in Rotterdam is in dit project het subject van de metamorfose. Door een extrapolatie van het wezen van de Coolsingel, verwordt de straat van een autobaan tot een landingsbaan. Om de bijbehorende vliegtuigen een plaats te geven in de context, transformeert de omgeving van de Coolsingel in een luchthaven. Deze transformatie is enerzijds gebaseerd op een analyse van de locatie en anderzijds op een onderzoek naar de typologie van internationale luchthavens. Wanneer de vliegtuigen de stad verlaten, komt de Coolsingel in een nieuwe gedaante terug.

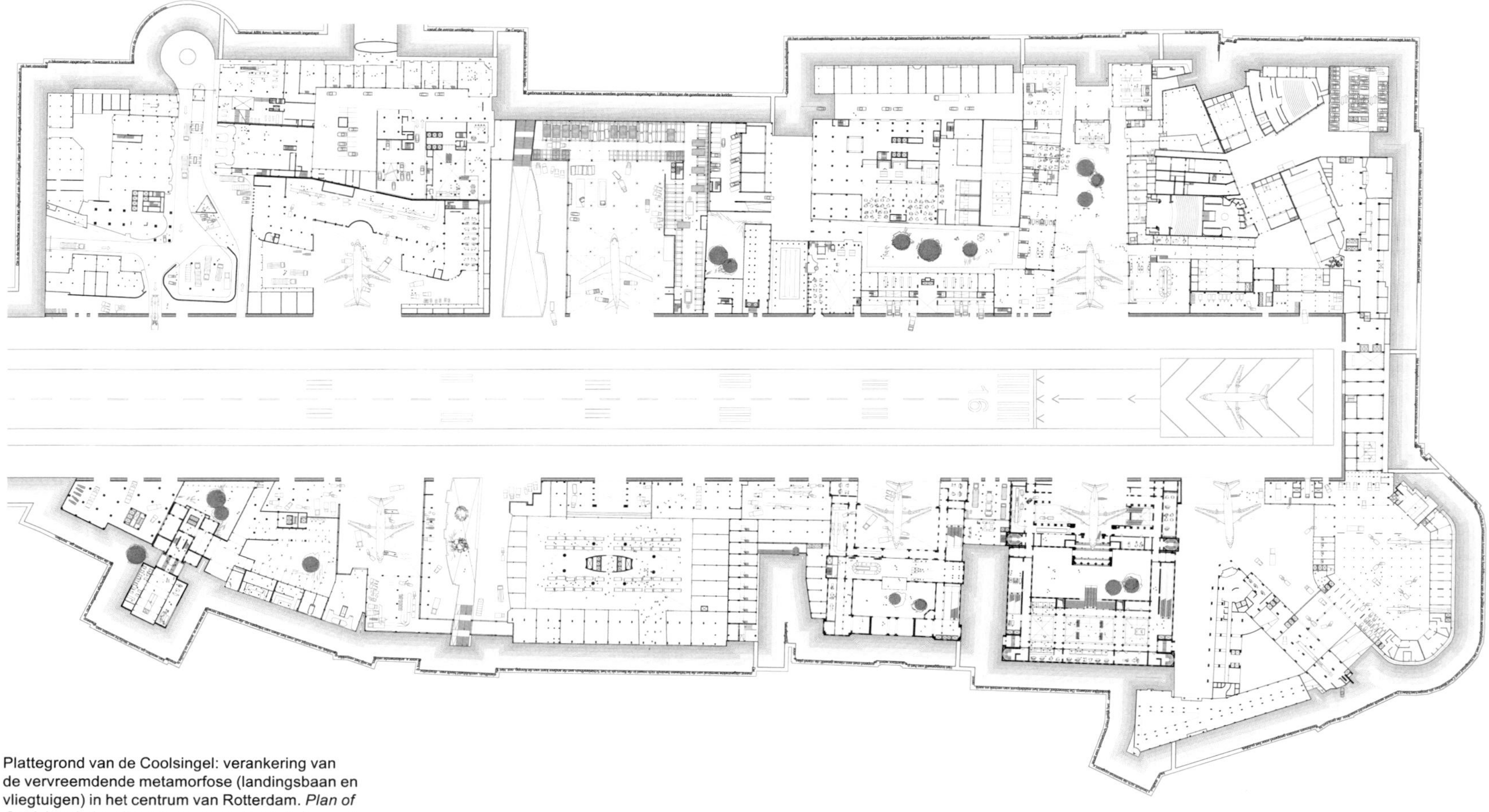

Plattegrond van de Coolsingel: verankering van de vervreemdende metamorfose (landingsbaan en vliegtuigen) in het centrum van Rotterdam. *Plan of Coolsingel: the alienating metamorphosis (runway and planes) embedded in the centre of Rotterdam.*

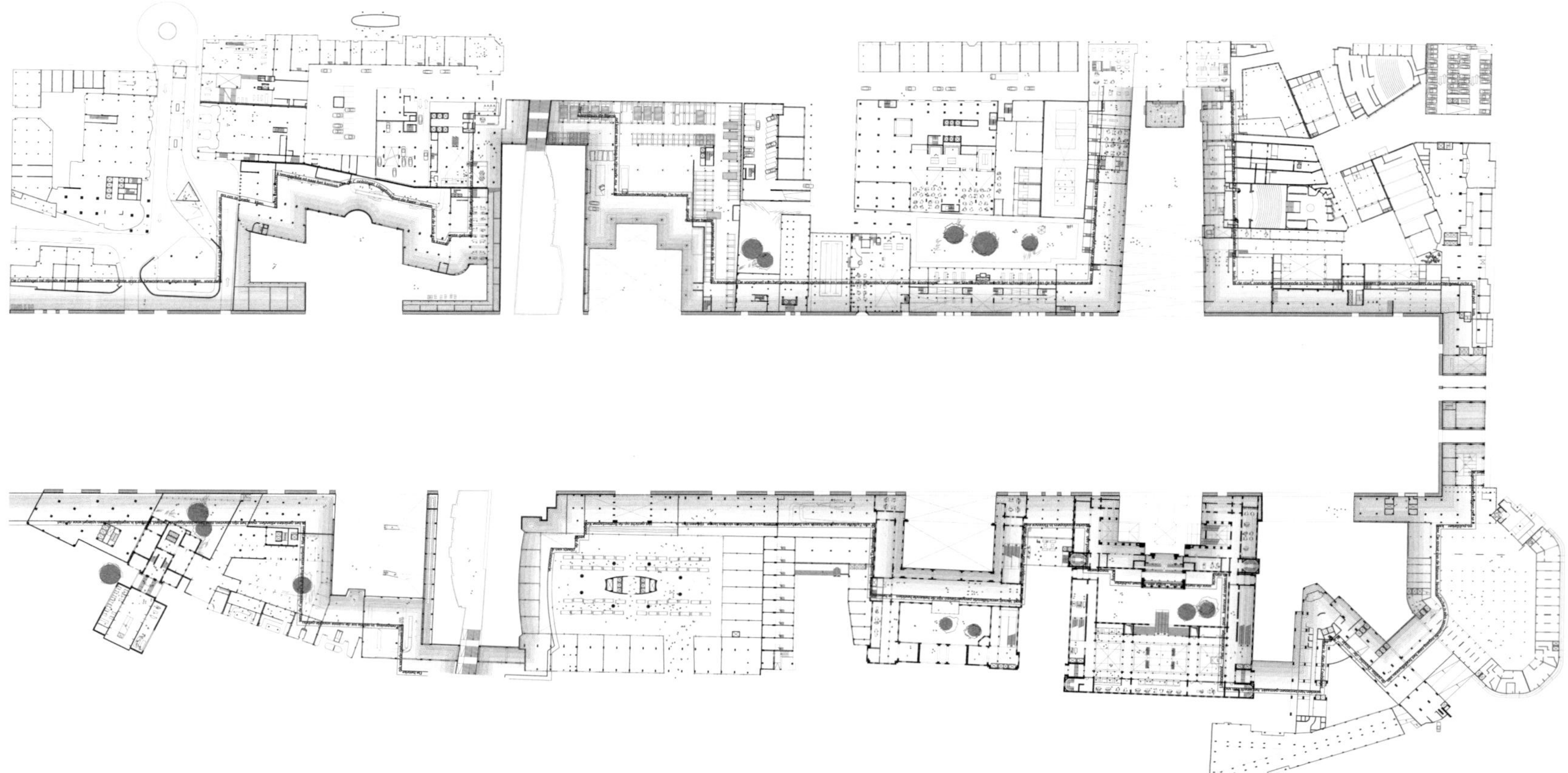

Plattegrond van de Coolsingel: de contemplatieve ruimte na de verdwijning van de luchthaven. *Plan of Coolsingel: the contemplative space after the airfield disappears.*

De wedergeboorte van de Coolsingel geeft haar de gedaante van een contemplatieve ruimte. De particuliere schoonheid van de nieuw ontstane ruimte ligt in de paradox tussen enerzijds de kaalslag van de straat en anderzijds het verdichten van de bebouwing eromheen. Een robuuste gevel omarmt de ruimte en markeert deze als centrum van de stad. De uitgesproken vormentaal van de gevel met openingen als poorten en loggia's heroverweegt de karakteristieken van architectonische stedelijkheid die niet ontworpen is op een specifiek programma.

Tekeningen van de contemplatieve ruimte en de bebouwing daaromheen na de verdwijning van de luchthaven. *Drawings of the contemplative space and the surrounding buildings after the airfield disappears.*

Beeldentuin in het voormalig postkantoor en officiële staatsaangelegenheid in het Stadhuis. *Sculpture garden in the former post office Official state business in the Town Hall.*

The metamorphosis of Coolsingel, *or the benign demolition of the City*

Lieke van Hooijdonk, Elsbeth Ronner, Lilith van Assem

Architecture has the habit of arriving too late and staying far too long. The city is less the place we thought up than the place others have left us. So we are all inhabiting the decisions, mistakes and triumphs of those who went before us. This final-year project steps off from the paradox between the slowness of what is built and the transience of use. The metamorphosis of Coolsingel, or the benign demolition of the City examines the essence of architectural metamorphosis. It uses metamorphosis to confront the consequences of a pointless hypothesis in an urban setting that in turn burdens us with the question of architecture's autonomy. How much of a servant can architecture be if it doesn't know who to serve? What is the consequence of the position from which architectural designing starts? This fundamental tension is, essentially, the architect's 'To be, or not to be'.

Metamorphosis is the poetic equivalent of transformation. Unlike transformation, metamorphosis marks the onset of a seemingly pointless change. A change influenced by the significance bestowed upon it by key figures such as Ovid, Goethe and Kafka. Research into the versality of the concept gave rise to a design methodology. Beginning with an alienating metamorphosis, followed by embedding in the surroundings and concluding with the disappearance of the alienating element, the methodology implies a rigid thought-experiment. Once that element has disappeared, what is left is a design that brings to light the subject's intrinsic quality.

In this project the subject of metamorphosis is Coolsingel in Rotterdam. By extrapolating the essence of Coolsingel, the boulevard alters from a highway to a runway. To make a space for the planes, the area around Coolsingel transforms into an airport. This transformation is based on an analysis of the site on the one hand and on a study into the typology of international airports on the other. When the planes leave the city Coolsingel will return in a new guise.

The rebirth of Coolsingel gives it the guise of a contemplative space. The beauty peculiar to the newly created space lies in the paradox between the wholesale clearance of the street and the compaction of the built fabric round about. A sturdy facade enfolds the space, marking it as the centre of the city. The facade's explicit formal idiom with its openings for gateways and loggias reconsiders the characteristics of an architectural urbanity not designed to a specific programme.

Officiële staatsaangelegenheid in het Stadhuis. *Official state business in the Town Hall.*

Zomerse tegenhanger van het Internationaal Film Festival Rotterdam op het Stadhuisplein. *Summer counterpart of Rotterdam International Film Festival on the plaza (Stadhuisplein).*

Zicht over de nieuw ontstane ruimte in het centrum van Rotterdam. *Prospect of the newly generated space in the centre of Rotterdam.*

Juryrapport

Met de Coolsingel als startbaan en de introductie van luchthavenfaciliteiten in de aanliggende bebouwing creëren de ontwerpers een tussenstadium dat een kwalitatieve impuls beoogt te geven aan de uiteindelijke situatie waarbij de luchthavenfunctie weer verdwenen is. Het onderzoek dat een belangrijk onderdeel van het project vormt, is fascinerend. Een prachtig boek bevat een enorme hoeveelheid materiaal dat het fenomeen van de transformatie goed in kaart brengt. Het onderzoek naar de transformatie als middel om tot nieuwe kwaliteiten te komen is intrigerend als gedachten-experiment, maar het ontwerp ondersteunt de premisse dat het een kwaliteit zou kunnen opleveren niet. Die startgedachte blijft het plan in de weg zitten. Ook de geschiedenis van Rotterdam leert dat de strategie van opbouw door vernietiging relatief kort na de wederopbouw niet tot overtuigende resultaten leidt maar eerder het functioneren van de stad in de weg staat en grof ingrijpt op de bestaande structuren.

Jury report

With the Coolsingel boulevard as a runway and airport facilities installed in the surrounding buildings, the designers of this project have created an intermediate stage that seeks to boost the quality of the end stage in which the airport function will have disappeared. The study which takes up much of the project is fascinating. A superbly turned-out book contains a vast quantity of material that makes a thorough assessment of the phenomenon of transformation. A study of transformation as a means of achieving new qualities is intriguing as a thought-experiment, but the design fails to support the premise that it would work in practice. This initial idea is an impediment to the rest of the project. Not just that, the history of Rotterdam teaches us that the strategy of construction through destruction relatively soon after a period of post-war rebuilding fails to produce convincing results and is more likely to hamper the city's functioning and play hell with the existing structures.

MIM : Metropolitan Informal Mobility

Kleinschalige vervoersmiddelen en micro-overstappunten staan centraal in een nieuw systeem voor publiek transport in Bangkok dat een bijdrage levert aan de oplossing van de groeiende mobiliteitsproblemen van de metropool. *Small-scale modes of transport and micro-nodes feature in a new public transport system in Bangkok that can contribute towards solving the growing problem of mobility in the metropolis.*

Roj Kanjanapanyakom

OPLEIDING *PLACE OF EDUCATION*
TU Delft
STUDIERICHTING *SPECIALIZATION*
Stedenbouw *Urban Design*
MENTOREN *TUTORS*
Diana Garcia, Frank van der Hoeven, Machiel van Dorst
CONTACT *CONTACT*
Woldsenweg 18, D-20249 Hamburg (Germany)
roj.kanjana@gmail.com

MIM: METROPOLITAN INFORMAL MOBILITY

ROJ KANJANAPANYAKOM

MIM: Metropolitan Informal Mobility
Roj Kanjanapanyakom

In Bangkok wordt 37,68% van de kooldioxide uitstoot veroorzaakt door het verkeer dat voor 95% bestaat uit privé voertuigen (departement van verkeer en transport, BMA, 2007). De oorzaak van dit probleem is dat het openbaar vervoer in Bangkok faalt. De sterke groei en verstedelijking zorgen voor een zwakke stedelijke structuur in Bangkok. Bovendien maakt het hete en vochtige klimaat een wandeling van een paar honderd meer van halte naar eindbestemming al tot een beproeving.

De extreme verkeersopstoppingen in Bangkok, een stad van ongeveer 10 miljoen mensen, vormen een probleem waar de centrale overheid al lang aan werkt. En dit probleem werkt door op allerlei fronten: in de vorm van klimaatverandering, psychologische problemen, inefficiënte productie en gezondheidsproblemen (Bangkok assesment report on climate change 2009).

De overheid heeft zowel infrastructurele als stedenbouwkundige maatregelen getroffen om het verkeersprobleem te lijf te gaan, maar die hadden geen effect. Talrijke projecten zijn gerealiseerd zoals ringwegen, snelwegen, tunnels en een metrosysteem maar het aantal privé voertuigen stijgt nog ieder jaar. Ook vanuit de stedenbouw zijn maatregelen getroffen in de vorm van fietspaden, busbanen, Park & Ride voorzieningen en ook de BRT (Bus Rapid Transit) heeft experimenten gedaan in Bangkok. Wat we zien is dat oplossingen uit ontwikkelde westerse landen worden gekopieerd naar de context van Bangkok, maar deze copy-paste methode biedt daar geen goede oplossingen. Het probleem is complexer dan het lijkt en heeft te maken met ingewikkelde stedelijke kwesties als:

1. Bangkok als eerste stad. Infrastructuur, huisvesting, andere functies en de economie kennen een sterke ontwikkeling in Bangkok. Het resultaat is een hoofdstad die het hele land domineert (de heft van het Thaise BNP wordt in Bangkok verdient, CIA, World Fact Book, 2009). Het verbaast dan ook niet dat daar het aantal immigranten en de verborgen populatie bezig is te stijgen tot 40% (Achawanichkul, 2005).

2. Een snelle verstedelijking is een van de oorzaken van een rommelige stedenbouwkundige structuur. Organische verstedelijking is terug te zien op de space syntax map waarop de slecht geïntegreerde straten zichtbaar zijn. Veel van deze straten hebben nog geen aansluiting op het openbaar vervoer, terwijl juist de straten en wegen die al een gunstige ligging hebben ook nog over aansluiting op het openbaar vervoer beschikken.

3. Het lokale klimaat is heet en vochtig gedurende het hele jaar (op 120 dagen per jaar wordt het maximum van 35 graden Celsius bereikt; Bangkok Assesment Report on Climate Change, 2009). Daarbovenop ontstaat in een grote stad als Bangkok nog het Urban Heat Island effect (UHI). Dit alles maakt verplaatsing te voet of per fiets bijna onmogelijk.

Op basis van de economische, politieke, ruimtelijke en sociale haalbaarheid, is het beter dat Bangkok zich richt op mogelijkheden in plaats van wensdromen. Metropolitan Informal Mobility verkent de kansen voor stedenbouwkundige planning waarin de motortaxi en het micro-overstapstation worden ingezet. Het concept berust op drie belangrijke stedelijke thema's: Metropool, Informaliteit en Mobiliteit. Deze drie thema's worden getackeld met een aanpak gebaseerd op ontwerp: stadsprofiel en analyse van stedelijke behoeftes, keuze van vervoersmiddel, ontwerprichtlijnen voor micro-overstappunten, testscenario's, en suggesties voor stedenbouwkundige inpassing.

De motortaxi is een alternatieve vorm van vervoer die in Bangkok voor kleine afstanden breed gebruikt wordt. De organisatie is informeel maar snel, goedkoop, flexibel en – met meer dan 6000 micro-overstappunten in de stad – zeer toegankelijk. Dit model (een voorbeeld van een informele bottom-up oplossing) is opnieuw ontworpen en ingezet als een manier om de toekomst van Bangkok richting te geven. De ontwerpen zijn flexibel genoeg om te reageren op de markt georiënteerde stedelijke ontwikkeling en op de behoeften van de stad.

MIM: Metropolitan Informal Mobility
Roj Kanjanapanyakom

In Bangkok 37.68% of carbon dioxide emission is caused by traffic, 95% of which are private vehicles (Traffic and Transport Department, Bangkok Metropolitan Administration office, 2007). The cause of this problem is the fact that public transport in Bangkok is a failure. Rapid growth and urbanization are weakening Bangkok's urban structure. Add to that a hot and humid climate, so that walking a few hundred yards from a public transport stop to one's destination is an ordeal in itself.

Ontwerpsamenvatting: de 5 minutenstad. *Design summary: the five-minute city.* Met inzet van de motortaxi kan iedere inwoner van Bangkok binnen 5 minuten een openbaarvervoerhalte bereiken. *Every inhabitant of Bangkok is a five-minute motorcycle taxi ride away from a public transport stop.*

Verplaatsbaar micro-overstappunt. *Portable micro node.*

Micro-overstappunt geïntegreerd met de lokale supermarkt. *Micro-node integrated with mini mart.*

Gewenste toekomst van Bangkok. Dankzij de implementatie van de motortaxi kan de dichtheid van Bangkok toenemen; de stad kan groeien binnen de huidige contouren. Met meer dan 6000 micro-overstappunten zal de totale stad zeer goed toegankelijk zijn. *The intended future of Bangkok. With the introduction of the motorcycle taxi, Bangkok can increase its density; the city can grow within its current contours. With over 6000 micro-nodes all parts of the city are fully accessible.*

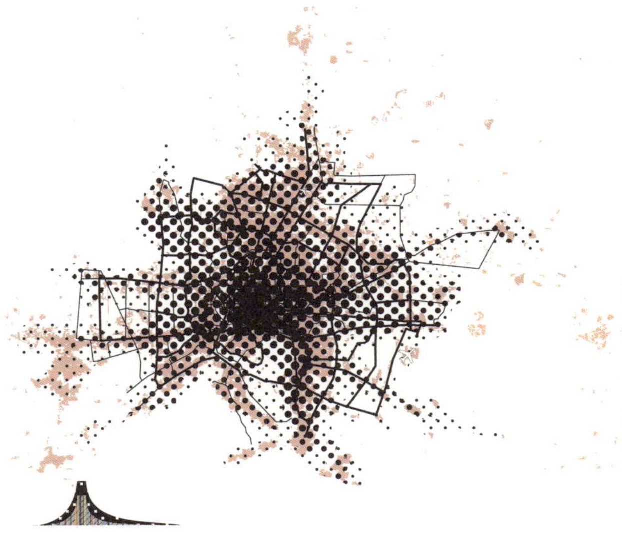

Waarschijnlijke toekomst van Bangkok, bij ongewijzigd beleid zal Bangkok zich ontwikkelen tot een tapijtmetropool (patchwork metropolis). *A probable future for Bangkok if policy remains unchanged is that it will evolve into a patchwork metropolis.*

Extreme traffic congestion in Bangkok, a city of some ten million inhabitants, is a problem that central government has been wrestling with for a long time. It is a problem that manifests itself on many fronts including climate change, psychological problems, inefficient production and physical health issues (Bangkok Assessment Report on Climate Change, 2009).

The authorities have tried hard to solve the traffic problems using infrastructure and urban design measures but these have had no effect. Countless projects including ring roads, motorways, tunnels and an underground rail system are now in place yet the number of private vehicles is rising yearly. Other urban design measures include bicycle lanes, bus lanes and Park & Ride facilities and there have been some experiments with the BRT (Bus Rapid Transit). What we see is that solutions from developed Western countries are being parachuted into the context of Bangkok, but this copy and paste method is not proving effective. The issue is more complex than it seems and relates to intricate urban questions such as:

1. Bangkok as primary city of Thailand

Infrastructure, accommodation, other functions and the economy are developing most strongly in Bangkok. The result is a capital city that dominates the entire country, half of the Thai Gross Domestic Product being created in Bangkok (CIA, World Fact Book, 2009). So it is no surprise that the number of immigrants and the hidden population is in the process of rising to 40% (Achawanichkul, 2005).

2. A rapid urbanization is one of the causes of a cluttered urban structure. Organic urbanization is reflected in the 'space syntax map' which reveals streets that have been poorly integrated. Many of these streets have yet to be connected to the public transport network, unlike streets and roads that are more favourably placed.

3. The local climate is hot and humid all year long, with the maximum of 35 degrees Celsius reached on 120 days of the year (Bangkok Assessment Report on Climate Change, 2009). On top of that you have the Urban Heat Island effect (UHI) of a large city like Bangkok. All of this makes travel by bike or on foot virtually impossible.

With an eye to economic, political, spatial and social feasibility, it is more practicable for Bangkok to target possibilities rather than desires. Metropolitan Informal Mobility charts the opportunities for an urban planning that includes motorcycle taxis and micro-nodes. The concept steps off from three key urban themes, Metropolis, Informality and Mobility. These three themes are tackled with a design-based approach. This steps off from a city profile and an analysis of urban needs, a choice of transport modes, design guidelines for micro-nodes, pilot scenarios, and suggestions for inserting the nodes into the urban context.

The motorcycle taxi is an alternative form of transport used in Bangkok for short distances. Organized informally, it is quick, cheap, flexible and, with over 6000 micro-nodes in the city, ultra-accessible. This model (an example of an informal bottom-up solution) has been redesigned and deployed as a way of once more giving direction to the future of Bangkok. The designs are flexible enough to respond to the market-driven urban development and to the city's needs.

Micro-overstappunt geïntegreerd met benzine-station. *Micro-node integrated with petrol station.*

Micro-overstappunt geïntegreerd met het publieke gebouw. *Micro-node integrated with public building.*

Micro-overstappunt bij BRT station. *Micro-node at BRT station.*

Juryrapport

Het plan voorziet in het faciliteren van een kleinschalig informeel vervoersysteem met motortaxi's en microoverstappunten in Bangkok. Daarmee lijkt het probleem van het voor- en natransport van het openbaar vervoer op doeltreffende wijze bestreden te worden. In een lijvige studie motiveert de ontwerper op overtuigende wijze de relevantie van het systeem dat een concurrerend alternatief biedt voor de auto, welke laatste de metropool totaal dreigt te verlammen. Het plan bestaat in essentie uit het officieel maken en het faciliteren van een al bestaand informeel systeem. Met het ontwikkelen van een fijnmazig netwerk van motortaxistandplaatsen gecombineerd met buurtvoorzieningen wordt tevens het principe van 'nabijheid' geintroduceerd naast 'bereikbaarheid', hetgeen leidt tot minder verplaatsingen. Het plan bestrijkt alle schaalniveaus. De fraaie presentatie van het plan is niet heel toegankelijk waardoor het onduidelijk blijft wat precies ontworpen is en wat bestaand.

Jury report

The project entails the provision of facilities for a small-scale informal transport system of motorcycle taxis and micro-nodes in Bangkok. This would seem to effectively combat the problem of getting people to and from the public transport network. In a study many pages long the designer convincingly justifies the relevance of this system, offering a competitive alternative to private traffic which is threatening to bring the metropolis to a stand-still. Essentially the project consists of making an already existing informal system official and laying on the necessary facilities. In developing a fine-meshed network of motorcycle taxi stands combined with local facilities, proximity can be introduced alongside reachability, which will means less travel. The project covers all planning levels. Regrettably, the attractive presentation is none too accessible which makes it difficult to see what has been designed and what was already there.

Pro-these voor de Toekomst *Prosthesis for De Toekomst*

Architectuurprotheses geven de ruïne van Strokartonfabriek De Toekomst II te Scheemda een nieuw leven waarbij het proces van verval als kwaliteit wordt ingezet. *Architectural prostheses give new life to the remnants of the former straw cardboard factory 'De Toekomst II' in Scheemda, exploiting the process of decay as a quality.*

PRO-THESE VOOR DE TOEKOMST

KOR ZIJNSTRA

Kor Zijnstra

OPLEIDING *PLACE OF EDUCATION*
AvB Arnhem
STUDIERICHTING *SPECIALIZATION*
Architectuur *Architecture*
MENTOREN *TUTORS*
Eric de Leeuw, Wim Korvinus, Annemariken Hilberink, Ralph Brodrück
CONTACT *CONTACT*
Jan van Deutecumlaan 42,
7425 PE Deventer
kz@korzijnstra.nl

Pro-these voor de Toekomst
Kor Zijnstra

Wat een prothese typeert is dat deze op maat is gemaakt en geen betekenis heeft zonder zijn drager. Hetzelfde geldt voor deze architectuurprotheses, die kunnen ook niet op zichzelf staan. Ook zij ontlenen hun bestaansrecht aan hun drager, in dit geval de ruïne. Zonder de ruïnemuren te restaureren of te renoveren bieden de architectuurprotheses naast constructieve stabiliteit vooral een nieuwe dimensie in het gebruik. Ze brengen de bezoeker als een soort urban explorer op bijzondere plekken die voorheen onbereikbaar waren.
Het eigen gewicht van de architectuurprotheses wordt gereduceerd door de toepassing van kunststof materialen. Zo kan bij toekomstig verval van de protheses geen archeologische vertroebeling ontstaan. De daadwerkelijke draagconstructie wordt van vezelversterkte kunststof gemaakt, de huid van translucente kunststoffen. De architectuurprotheses zullen zich in het donker als een lampion in het karkas manifesteren en aanvullende terreinverlichting overbodig maken. Uitsluitend middels de architectuurprotheses wordt alles gefaciliteerd wat nodig is voor het nieuwe gebruik.
Bij aanvang van deze studie is de voormalige Strokartonfabriek De Toekomst II te Scheemda een van Nederlands grootste ruïnes. Het complex ligt dicht bij de Blauwe Stad, een ontwikkeling die als woongebied geen succes is, maar het toerisme wel een impuls heeft gegeven. Rondom het Oldambtmeer bundelen kleine ondernemingen de krachten in de vereniging Het Blauwe Lint die zich richt op het toerisme. Vanuit het perspectief van deze groeiende sector diende zich de nieuwe functie aan: een podium voor cultuur en toerisme. Tot de verzameling nieuwe voorzieningen behoren: een klimtoren met kraaiennest, een restaurant en een culturele binnenplaats voor diverse openluchtfestiviteiten variërend van braderie tot danceparty. Deze functies komen voort uit het netwerk van lokale ondernemers.
Op basis van stabiele en dus nog bruikbare muren is de interventiezone met protheses in het hart van de ruïne gesitueerd. Daaromheen zal een groene zoom ontstaan waar het verval door mag gaan, waar gedemonteerde spanten als artefacten worden 'geëtaleerd' en vegetatie zich eerder als beschermer dan vernieler van de ruïne zal ontplooien. Door het achterwege laten van bewegwijzering zullen de architectuurprotheses gaan fungeren als 'lokaas'. De ontdekkingstocht zal

Fotomontage van de uitkijknest prothese op de voormalige schoorsteen die als klimpaal gaat fungeren. *Photomontage of ruins with architectural prostheses clearly visible.*

Overzicht van bovenaf op de maquette van het ruïnecomplex met daarin de architectuurprotheses. *Aerial overview of the model of the ruins including architectural prostheses.*

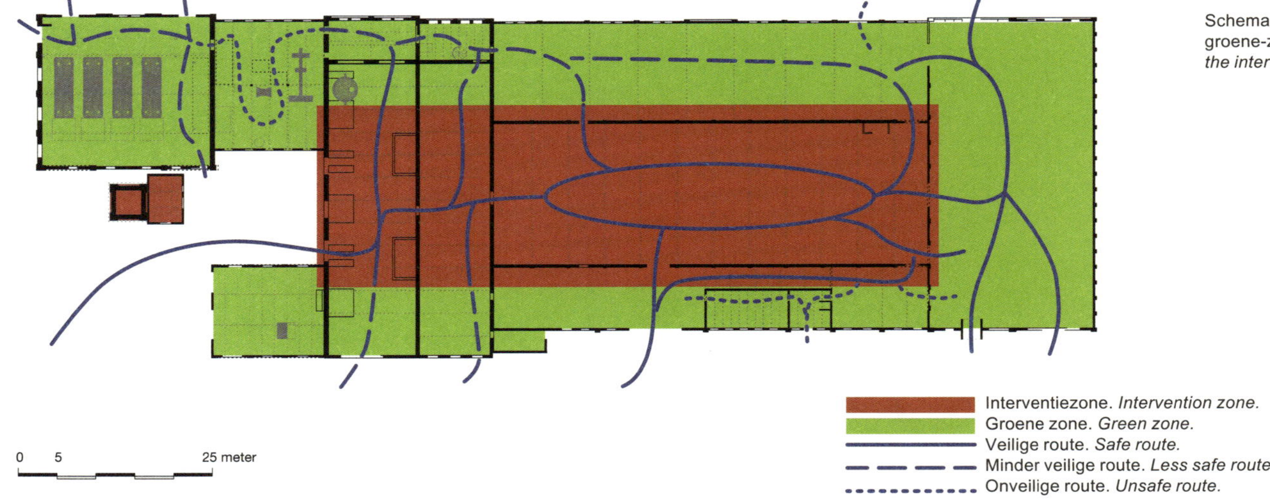

Schema met de posities interventiezone en groene-zoom. *Diagram showing positions of the intervention zone and green fringe.*

uiteindelijk via trappen en een galerij naar de ingang van het restaurant voeren. De restaurantprothese hangt over twee muren van het karkas en maakt geen direct contact met de ruïnebodem. Daarmee geeft het ruimte aan de kenmerkende en spontane vegetatiegroei. Verticale openingen in deze prothese dragen bij aan de leefcondities van deze 'onderwereld', maar vooral ook aan het zicht hierop vanuit het restaurant. De samengestelde dakconstructie verbindt en ligt op de ruïnemuren. Vloervelden die aan deze constructie hangen, geven extra drukkracht in, en bieden daarmee stabiliteit aan de bestaande ruïnemuren.
De voormalige schoorsteen wordt een klimtoren met bovenaan een 'kraaiennest-prothese'. Trekstangen trekken de 'kurk' via de uitkijkpost naar beneden waardoor extra drukkracht, en daarmee stabiliteit, in de schoorsteen ontstaat. De binnenplaats is een volledig open en vrije ruimte voor diverse openluchtfestiviteiten. Aan de buitenzijde daarvan zijn protheses, zoals een portiersunit, lockerruimte, toiletten en een expositiesleuf gesitueerd, waardoor dit gebruik van de binnenplaats relatief eenvoudig is. Het omkeren van deze oorspronkelijke binnenruimte naar buitenruimte is in overeenstemming met de ruïnebeleving. Op de verdieping boven de ruïnemuren vormt de reeks van protheses een omloop met plekken rondom de binnenplaats.
Door deze interventie van architectuurprotheses zullen niet de 'handicaps' van de ruïne worden benadrukt, maar vooral de nieuwe kansen en mogelijkheden voor samenwerking, waarbij het silhouet langer behouden blijft in plaats van elk detail. Verval mag en kwetsbaarheid is een kwaliteit!

Doorsnede over de restaurantprothese die hangt tussen de ruïne muren. *Section through restaurant prosthesis slung between the ruin walls.*

Prosthesis for De Toekomst
Kor Zijnstra

A prosthesis is something that is made to measure and has no meaning without the person wearing it. The same holds for these architectural prostheses, which cannot function on their own. They too owe their raison d'être to their bearer, in this case the ruin. Without restoring or renewing its walls the architectural prostheses provide a new dimension in use as well as structural stability. They lead the visitor, as an urban explorer of sorts, to exceptional places that before then were unreachable.

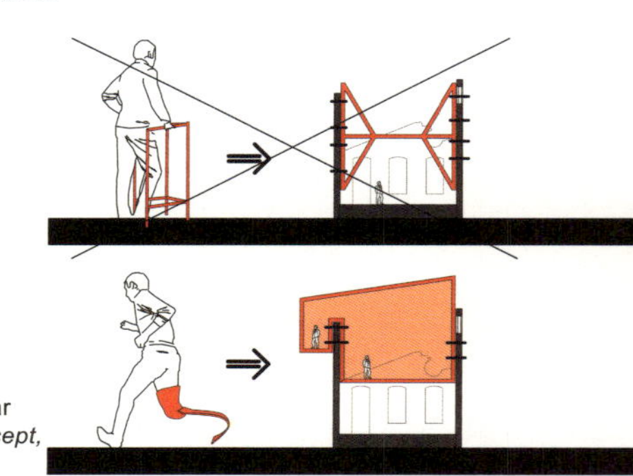

Schema prothese concept, geen orthese maar een prothese. *Diagram of the prosthesis concept, not an orthosis but a prosthesis.*

The body weight of the architectural prostheses is reduced by using synthetic materials, which rules out archaeological obfuscation should the prostheses ever deteriorate. The real supporting structure is made of fibre reinforcement and the skin of translucent synthetic materials. At night the architectural prostheses will shine like magic lanterns in the carcass of the ruin, ruling out the need for additional area lighting. They alone will facilitate everything that is needed for the ruin's new use.
When this study began, the former straw-cardboard factory 'De Toekomst II' at Scheemda, in the north-east of the country, was one of the Netherlands' most extensive ruins. The ensemble, whose name means 'The Future', lies close to the Blauwe Stad, a development that has failed as a residential area but has done much for the local tourist industry. Round the lake (Oldambtmeer) small enterprises have joined forces in an association (Het Blauwe Lint) that targets tourism. It is from the perspective of this burgeoning sector that the new use presents itself, namely a platform for culture and tourism. Among the assemblage of new facilities are a climbing tower with a crow's-nest, a restaurant, and a courtyard for cultural events ranging from traditional market fairs to dance parties, all drawing on the network of local entrepreneurs.
Based on an analysis of stable, usable walls the intervention zone with its prostheses is located at the heart of the ruin. A fringe of green will emerge where deterioration is allowed to proceed, with dismantled trusses 'displayed' as artefacts and where vegetation is more likely to end up protecting the ruin than destroying it.
With no signage on site the architectural prostheses will work as 'bait'. The journey of discovery will ultimately lead along stairs and a gallery to the entrance to the restaurant. The restaurant prosthesis is draped over two walls of the carcass and makes no direct contact with the floor of the ruin, thereby making space for the characteristic and spontaneous growth of vegetation. Vertical openings in this prosthesis contribute to the living conditions of this 'underworld' but most of all to the view of it from the restaurant. The compound roof structure connects and lies atop the ruin walls. Floor slabs slung from this structure give additional compressive force and thus stability to the received ruin walls.
The former chimney becomes a climbing tower with at its apex a 'crow's-nest prosthesis'. Tie rods pull the 'cork' down by way of the crow's nest, thereby creating additional compressive force and lending stability to the chimney. The courtyard is an entirely open space for a welter of outdoor festivities. Prostheses on the outer side, including a porter's unit, a locker area, toilets and an exhibition alley, mean that the courtyard is relatively easy to use. The strategy of turning what used to be an indoor space into an outdoor one is in chime with the way ruins are experienced. On the upper floor above the ruin walls, the row of prostheses combine as a platform of places wrapped round the courtyard.
This architectural-prosthetic intervention, rather than bringing out the ruin's disabilities, lends emphasis to the new opportunities for collaborative ventures, preserving the silhouette much longer instead of every detail. Deterioration is allowed and vulnerability is a quality!

Impressie in het restaurant. *Impression inside the restaurant.*

Impressie van het hangende restaurant in het karkas. *Impression of the hanging restaurant in the carcass.*

Juryrapport

In plaats van de voorgenomen restauratie van de strokartonfabriek in Scheemda stelt de ontwerper voor om het grootste Nederlandse rijksmonument te voorzien van 'protheses' die het complex een nieuw leven bezorgen. In aanleg lijkt dit een zinvolle strategie. Het gestelde doel om het gebouw opnieuw te laten functioneren met behulp van toegevoegde elementen is goed denkbaar. Met de voorgestelde ingrepen wordt die ambitie echter niet waargemaakt. In de ontworpen protheses worden nieuwe functies ondergebracht, het oorspronkelijke monument zelf kan dan verder vervallen. De opzichtige protheses schieten hun doel voorbij omdat ze het moment overwoekeren, ze hebben daardoor eerder het karakter van een parasiet dan een prothese.

Jury report

The designer of this project proposes equipping the former straw cardboard factory in Scheemda with 'prostheses' that would give new life to the country's largest national monument instead of restoring it as projected. On the face of it this seems a meaningful strategy. The set aim of getting the building in working order again with the aid of additions is perfectly feasible. Regrettably the proposed interventions fail to achieve what their designer sets out to do. The designed prostheses are to house new duties, while the original monument is left to crumble around them. The high-profile prostheses overshoot the mark by overrunning the monument, making them more parasitic than prosthetic.

Public Villa Ontwerp voor een kostschool. *Design for a boarding school*

Het ontwerp voor een volledig openbare leefruimte kent tegelijkertijd een zekere beslotenheid. De oude herenhuizen van Havana die veelal openbaar toegankelijke verkeersruimten hebben en die verschillende kwaliteiten en gradaties van beslotenheid kennen, vormen de inspiratiebron voor het plan. *This design for fully public living quarters at the same time admits to a measure of seclusion. It was inspired by the old mansions of Havana, many of which have publicly accessible circulation space and possess a whole range of qualities and grades of containment.*

Thomas Boerendonk

OPLEIDING *PLACE OF EDUCATION*
TU Delft

STUDIERICHTING *SPECIALIZATION*
Architectuur *Architecture*

MENTOREN *TUTORS*
Marc Schoonderbeek, Oscar Rommens, Suzanne Groenewold

CONTACT *CONTACT*
Catharina Beersmansstr 5 D, 3025 EA Rotterdam
thomasboerendonk@yahoo.com

Kaart van de continue ruimte, conceptuele weergave van de locatie. *Map of the continuous space, conceptual rendering of the site.*

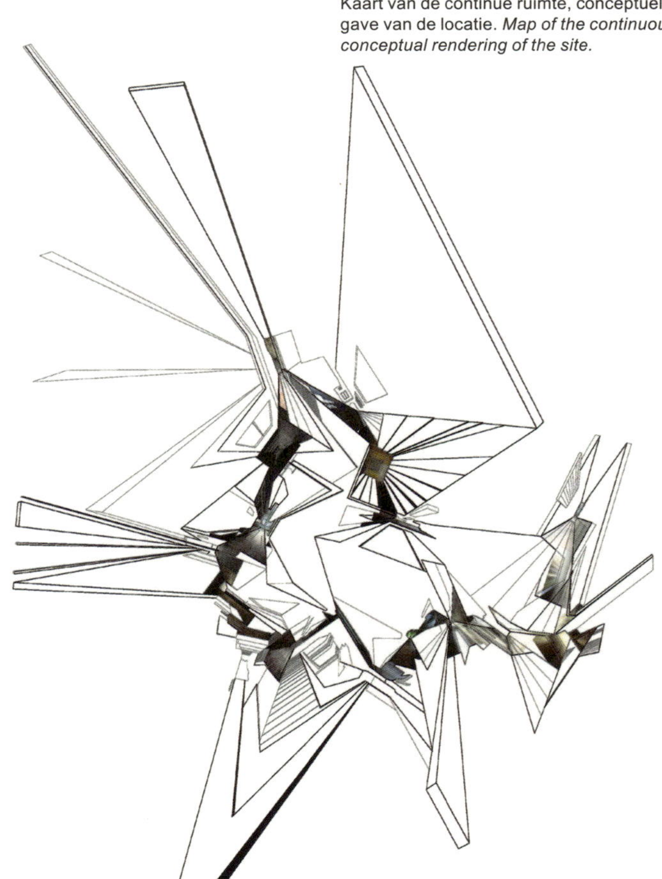

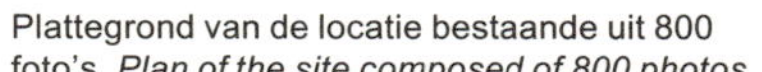

PUBLIC VILLA

THOMAS BOERENDONK

Openbare ruimte en speelkamers. *Public area and games rooms.*

Plattegrond van de locatie bestaande uit 800 foto's. *Plan of the site composed of 800 photos.*

Langsdoorsnede. *Longitudinal section.*

Plattegrond schoolverdieping. *Plan of school floor.*

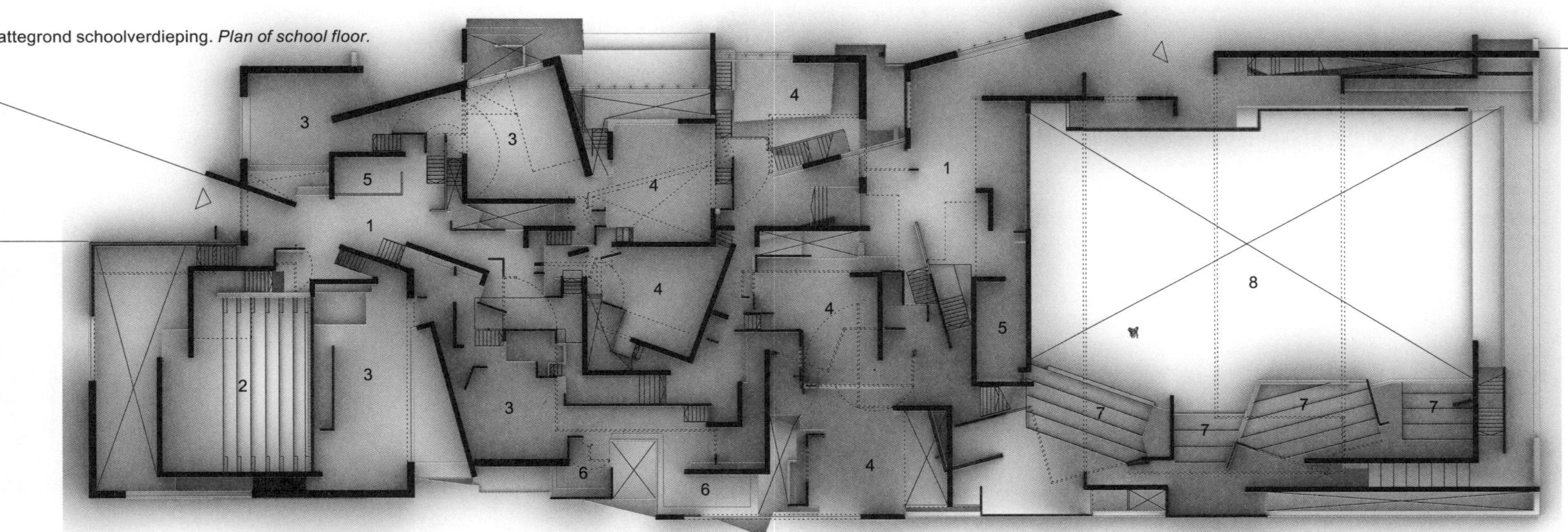

1 entreehal *entrance hall*
2 auditorium *auditorium*
3 klaslokaal voor kinderen van 10-13 jaar *classroom age 10-13*
4 klaslokaal voor kinderen van 6-9 jaar *classroom age 6-9*
5 toiletten *toilets*
6 individuele leesplek *individual reading spaces*
7 tribune *grandstand*
8 gymzaal *gymnasium*

Public Villa Ontwerp voor een kostschool
Thomas Boerendonk

Na de Cubaanse revolutie van 1959 verliet het grootste deel van de gegoede burgerij Havana om naar de Verenigde Staten te vluchten. De staat stelde hun lege huizen ter beschikking van de arbeiders. Familie van het platteland kwam erbij en iedereen woonde bij elkaar in de talrijke kamers van deze grote huizen. Doordat elke familie een kamer bewoonde, werden de ruimtes daartussen collectief, en aangezien deze collectieve ruimtes aansluiting hebben op de straat en vaak gemakkelijk toegankelijk zijn, kregen ze een publiek karakter.
In tegenstelling tot de ruimte binnenin de herenhuizen is de ruimte rondom vaak volledig afgesloten. Een uitzondering is een stadsblok in de wijk Vedado waar een reeks herenhuizen in een voormalige steengroeve is gebouwd. Op vergelijkbare wijze doet zich hier het effect voor van het opnieuw in gebruik nemen van ruimte maar dan op een hoger schaalniveau. De wanden van de steengroeve zorgen voor een vergelijkbare collectieve uitstraling in de ruimtes tussen de huizen, maar dan met een sterkere surrealistische kwaliteit.
Foto's bieden de mogelijkheid om de kwaliteit van deze ruimtes te begrijpen en te tonen. Er zijn verschillende fotografische technieken gebruikt om allerlei ruimtelijk thema's te laten zien. Deze foto's bieden de basis voor een reeks tekeningen waarin de kwaliteiten van de ruimtes verder zijn uitgewerkt.
Vanwege het dubbele karakter van de openbare ruimtes in en tussen de herenhuizen, heeft ook de ontwerpvraag een zekere tegenstrijdigheid. Dit leidde tot het concept van Public Villa: een leefruimte die volledig open is voor publiek, maar toch een zekere mate van beslotenheid kent. Dit concept is toegepast in het ontwerp voor een kostschool.
Tweeëntwintig identieke draadkubussen zijn op verschillende wijzen met elkaar verbonden en vormen zo een flexibel koord. De kubussen huisvesten onderdelen van het programma. Door de koorden op allerlei extreme manieren met elkaar te combineren, ontstaat een model met talloze mogelijkheden binnen duidelijke grenzen. Dit leidt tot een complexe ruimtelijke structuur.
De locatie voor de kostschool is een open terrein waar verschillende grids bij elkaar komen. Hier liggen diverse overheidsgebouwen, culturele instellingen en sportcomplexen bij elkaar en daar wordt de kostschool als extra vrijstaand gebouw aan toegevoegd. Het programma bestaat uit drie delen: de publieke functies liggen ondergronds, de hoofdentree op maaiveld geeft toegang tot de school, en de verdieping bevat de leefruimtes voor de kinderen.
De hoofdstructuur bestaat uit betonnen platen en is gebaseerd op kruisende modules zodat geen van de ruimtes volledig gesloten is. Om ervoor te zorgen dat het gebouw op de juiste wijze kan functioneren, zijn verschillende platen ontworpen in hout. Deze hebben een flexibel karakter zodat ruimtes tijdelijk kunnen worden afgesloten.
Ruimtelijke differentiatie wordt gegenereerd door verschillen in afmetingen, lichtinval, verbindingen met andere ruimtes en het type openingen. Naast een speelse omgeving waar kinderen kunnen dwalen en rondjes kunnen rennen, bieden de verschillen in maatvoering ook beslotenheid. Ruimtes waar alleen de kinderen toegang toe hebben, kunnen in bezit genomen worden door hier een eigen wereld te creëren. Het concept van de Public Villa kan publieke waarde geven aan private plekken, zonder het privédomein van de kinderen te verstoren.

Public Villa Design for a boarding school
Thomas Boerendonk

After the Cuban revolution of 1959, most of Havana's upper class fled to the USA. The State then turned over the empty houses to the workers. Their families arrived from the country and everyone lived together in the many rooms of these mansions. As each family occupied one room, the spaces between these rooms became communal and since these communal spaces give onto the street and are often easy to access from there, they took on a public aspect.
Unlike the space inside the mansions, that around the exterior is often fully enclosed. One exception is a city block in the Vedado neighbourhood where several of these mansions stand in a former stone quarry. The effect of reusing space is felt here too but at a higher planning level. The quarry walls create a similarly communal character in the spaces between the houses though with a greater sense of the surreal.
Photographs provide an opportunity to understand and display the quality of these spaces. Different photographic techniques were used to illustrate all kinds of spatial themes. These pictures lay the basis for a series of drawings that flesh out the qualities of the spaces in greater detail.

The dual personality of the public spaces inside and between the mansions infuses the design brief with an element of conflict. This led to the notion of the Public Villa, inhabited space that is fully open to the public yet has a degree of enclosure. This concept has been adopted in the design for a boarding school.
Twenty-two identical wire frame cubes are variously linked together into flexible strings. The cubes house components of the programme. By combining the strings of cubes in all kinds of extreme ways, a model is created with countless possibilities within clearly defined limits, giving a complex spatial structure.
The boarding school is projected in an open area where a number of grids converge. Some government buildings, cultural institutions and sports complexes are assembled here, to which the boarding school is added as a freestanding building. The programme divides into three parts, with the public duties underground, the main entrance accessing the school at ground level and the children's living quarters on the upper floor.
The principal structure consists of concrete panels and is based on intersecting modules so that none of the spaces is entirely closed off. To make sure that the building can function correctly, some of the panels are of wood. These are of a flexible nature so that spaces can be temporarily closed off.
Differences in dimensions, light incidence, connections with other spaces and types of opening serve to generate spatial differentiation. Besides being a fanciful setting where children can wander and run laps, the differences in dimensions also provide seclusion. Spaces which only the children can access they can appropriate by creating their own world there. The idea of the Public Villa can add public value to private places without disturbing the children's private domain.

Klaslokaal. *Classroom.*

Privé-gebied en slaapkamers. *Private area and bedrooms.*

Juryrapport
Het prachtig gepresenteerde ontwerp betreft een kostschool in Havana. Het ontwerp is gebaseerd op het model van de villa, het dominante woningtype in de hoofdstad van Cuba. Het idee om de villa als uitgangspunt te kiezen is interessant. Door het type in te zetten voor een publieke functie wordt het van de private connotatie ontdaan, terwijl tegelijkertijd de referentie aan de villa een zekere huiselijkheid in de school oproept. De ontwerper slaagt er goed in om het concept van de 'publieke villa' uit te werken in het verlengde van zijn bedoelingen. Het interieur wordt bovendien gekenmerkt door een hoge ruimtelijke kwaliteit. De ontwerper weet de complexe ruimtelijkheid goed onder controle te houden. Wel vraagt de jury zich af hoe realistisch een dergelijke complexe oplossing in de Cubaanse context is. Ook zou naast de aaneenschakeling van complexe ruimtes enige rust in het interieur op zijn plaats zijn. Het plan had wellicht nog aan kracht kunnen winnen als het gesitueerd was in het stedelijk grid van Havana, biotoop van de traditionele villa, in plaats van de meer perifere ligging.

Jury report
The superbly presented design for a boarding school in Havana is modelled on the villa, the pre-eminent dwelling type in the Cuban capital. The idea of stepping off from the villa type is an interesting one. Deploying this type for a public duty strips it of the private connotation, though at the same time the villa does evoke an element of domesticity. The designer succeeds in working up the concept of the 'public villa' in perfect keeping with his intentions. Not only that, the interior attests to a great spatial quality. The designer has managed to keep the complex spatiality well under control. That said, the jury wonders just how realistic a solution of such complexity is in the Cuban context. Indeed, a moment's respite amidst the succession of complex spaces would have been apposite. Lastly, the project might have gained from being sited in the urban grid of Havana, biotope of traditional villas, instead of in its present, more peripheral position.

RE-INSTITUTIO-NALISERING

JOLIEN DE JONG

Jolien de Jong

OPLEIDING *PLACE OF EDUCATION*
TU Eindhoven
STUDIERICHTING *SPECIALIZATION*
Architectuur *Architecture*
MENTOREN *TUTORS*
Bas Molenaar, Jacob Voorthuis, Mark van der Poll
CONTACT *CONTACT*
Voorstraat 94bis, 3512 AV Utrecht
info@joliendejong.nl

Maquette. *Model.*

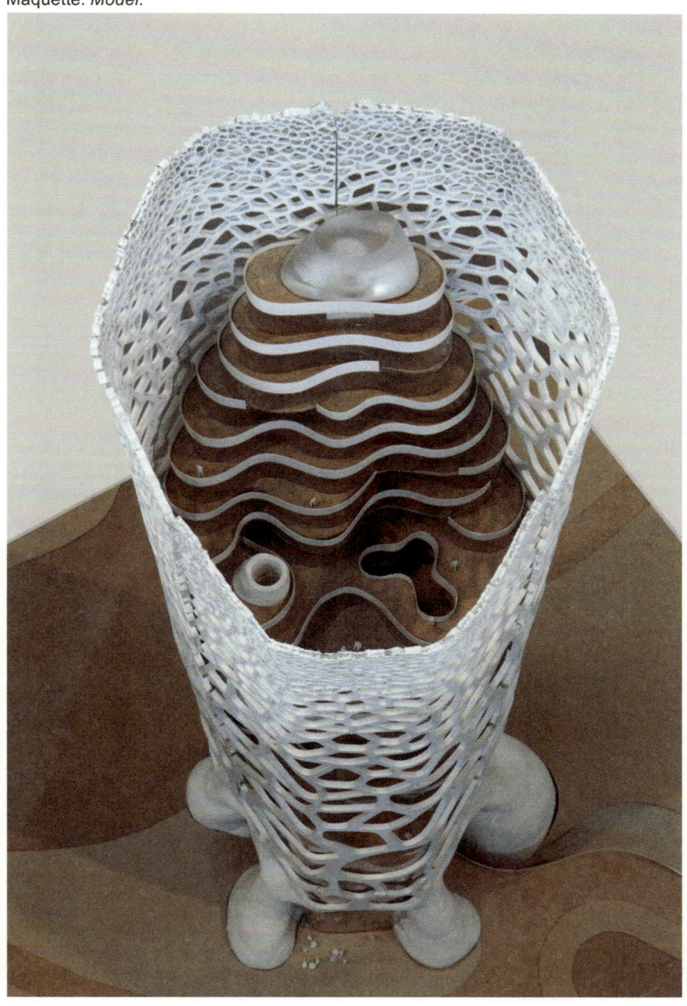

Re-institutionalisering: een ode aan de ouderdom.
Re-institutionalization: an ode to old age.

Een ontwerp voor een grootschalig verpleeghuis dat de kwaliteit van leven van dementerenden verbetert én de maatschappelijke houding ten opzichte van dementie ter discussie stelt. *A design for a nursing skyscraper that enhances the quality of life among people suffering from dementia and invites discussion of the way society regards this affliction.*

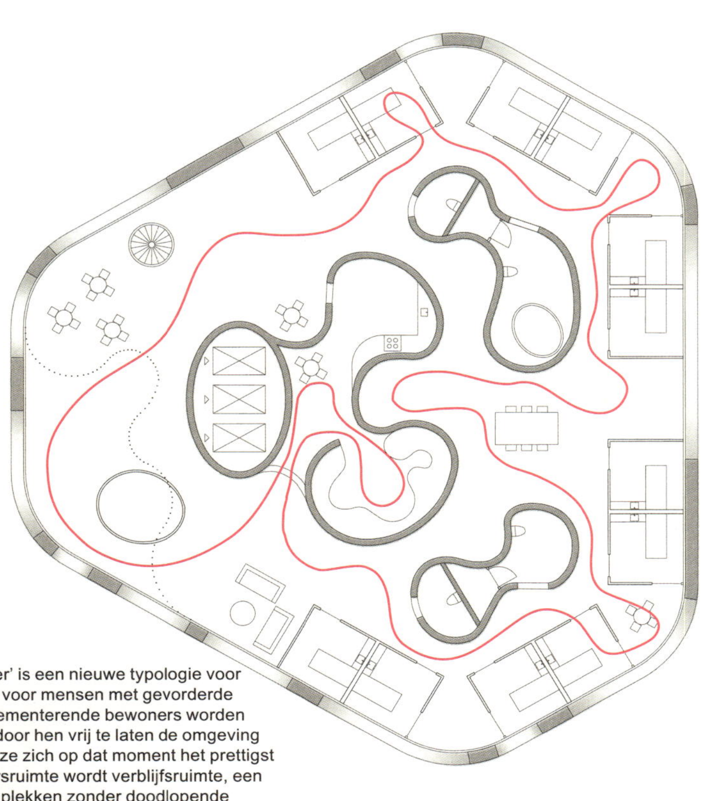

'De scharrelvloer' is een nieuwe typologie voor een woongroep voor mensen met gevorderde dementie. De dementerende bewoners worden gerespecteerd door hen vrij te laten de omgeving te zoeken waar ze zich op dat moment het prettigst voelen. Verkeersruimte wordt verblijfsruimte, een afwisseling van plekken zonder doodlopende gangen. Twee keer zes slaapkamers rond een sanitaire cel. *'The go-as-you-please floor' is a new type of building layout for a group living unit of people with advanced dementia. These are respected by letting them freely seek out a place where they feel most at ease at that moment. Circulation space becomes space to linger, a succession of places with no dead-end corridors. Twice six bedrooms about a sanitary cell.*

Re-institutionalisering: een ode aan de ouderdom
Jolien de Jong

Door de dubbele vergrijzing zal het aantal mensen met dementie komende jaren fors toenemen. Dit gebeurt bovendien in een periode dat de grijze druk – het percentage 65-plussers ten opzichte van de personen die werken – verdubbelt. De druk op de verpleeghuiszorg, die dankzij het forse personeelstekort in de zorg nu al groot is, zal alleen nog maar verder toenemen. Naast de macro-economische problematiek rondom dementie, raakt deze aandoening mensen ook in de persoonlijke sfeer en wordt het nog steeds moeite gevonden om openlijk over dementie te praten. Dit afstudeerproject richt zich op bijbehorende problematiek. Het introduceert een nieuwe verpleeghuistypologie voor mensen met dementie, ingepast in een taboedoorbrekend instituut: een ode aan de ouderdom.

Op dit moment viert de kleinschalige woonvorm hoogtij in de ouderenzorg. Naar verwachting zal het grootschalige verpleeghuis, dat efficiënt zorg kan verlenen door clustering van zowel patiënten, personeel als voorzieningen, op den duur zijn rentree maken. Bovendien kan dit type instituut, waarvoor grote gebouwen nodig zijn, de ouderdom fysiek een gezicht te geven en op die manier bijdragen aan het doorbreken van taboes. Een dergelijk gebouw kan worden ingezet voor maatschappelijke acceptatie en een nieuwe manier van denken. In deze tijd is jong de norm, en ouderdom eng en vies. Het nieuwe instituut staat voor een andere maatschappelijke houding waarbij ouderdom onderdeel van het leven is. Het is een ode aan de ouderdom. Kan het verpleeghuis zich bevrijden van het imago van een ziekenhuis en zich ontwikkelen tot een icoon voor de ouderdom? Daarvoor zullen de eindeloze gangen moeten verdwijnen en zal verkeersruimte verblijfsruimte moeten worden.

Validation Therapy (N. Feil, 1982) is een erkende benadering in de ouderenzorg, volgens welke de belevingswereld van de dementerende mens als werkelijkheid wordt bevestigd. Het inzetten van deze benadering als ontwerpstrategie, biedt een nieuwe blik op het verpleeghuis. Het validerende verpleeghuis is een plek die de innerlijke realiteit van haar bewoners erkent, en waar 'onze' realiteit geen rol meer speelt. Het resultaat is een gebouw dat het proces van dementie begeleidt en daarmee zijn bewoners begeleidt in het proces van loslaten van het leven teneinde hen innerlijke rust te laten vinden.

Het concept van onthechting begeleidt het proces van dementie, met als doel mensen innerlijke rust te laten vinden. Contact maken is een keuze, maar afstand nemen ook. Forceer mensen met dementie dan ook niet langer tot deelname aan 'onze' realiteit wanneer de chaos van het dagelijks leven alleen nog maar leidt tot angst en verwarring. Het concept van onthechting richt zich dan ook niet primair om het maken van contact maar schept juist ruimte om in alle rust afstand te nemen als dat prettiger voelt. Afstand van de chaos, afstand van de mensen om je heen, afstand van de wereld en uiteindelijk afstand van het leven.

Re-institutionalization an ode to old age
Jolien de Jong

In our super-ageing society, the number of people suffering from dementia will increase dramatically in the coming years. This is happening at a time when the proportional increase in the number of over-65s is expected to double. The pressure this will put on nursing home care, which is great enough already owing to a chronic shortage of staff, will only get stronger. Besides the macro-economic issues surrounding dementia, this affliction is affecting people in personal terms and still proves difficult to talk about openly. This final-year project addresses the set of problems attendant on dementia. It introduces a new type of nursing home for people with dementia embedded in a taboo-challenging institute: an ode to old age.
Small-scale forms of dwelling are rife in elderly care these days. In time, though, we can expect a return to large-scale nursing homes, whose clustering of patients, staff and facilities can provide efficient care. This type of institute, moreover, which requires large buildings, is able to give old age a physical countenance and in this way help to break taboos. Such a building can be deployed to further social acceptance and a new way of thinking. These days young is cool and old age is something creepy and sordid. The new institute stands for a new social attitude that makes old age an equal part of life. Indeed, it is an ode to old age. Can nursing homes shake off their hospital image and evolve into an icon for the elderly? In that case the endless corridors will have to go and circulation space become space to linger.
Validation Therapy (Naomi Feil, 1982) is an accepted approached to elderly care that confirms the way people with dementia see the world as reality instead of dismissing it. In deploying this approach as a design strategy, the nursing home is placed in a new light. A nursing home based on the concept of vaildation is a place that acknowledges the inner reality of its residents and where reality as we know it has no part to play. The result is a building that guides the process of dementia and, by extension, guides its residents in the process of letting go of life so that they can find inner peace.
This guidance towards peace of mind informs the concept of disengagement. Making contact is a deliberate choice but so is taking a step back. We should stop forcing people with dementia to take part in 'our' reality, where the chaos of day-to-day life can only cause fear and confusion. So the idea of disengagement is less about making contact than about making space to distance yourself if this feels better. Disengagement from the chaos, from the people around you, from the world and, ultimately, from life itself.

Concept: onthechting. *The concept of disengagement.*

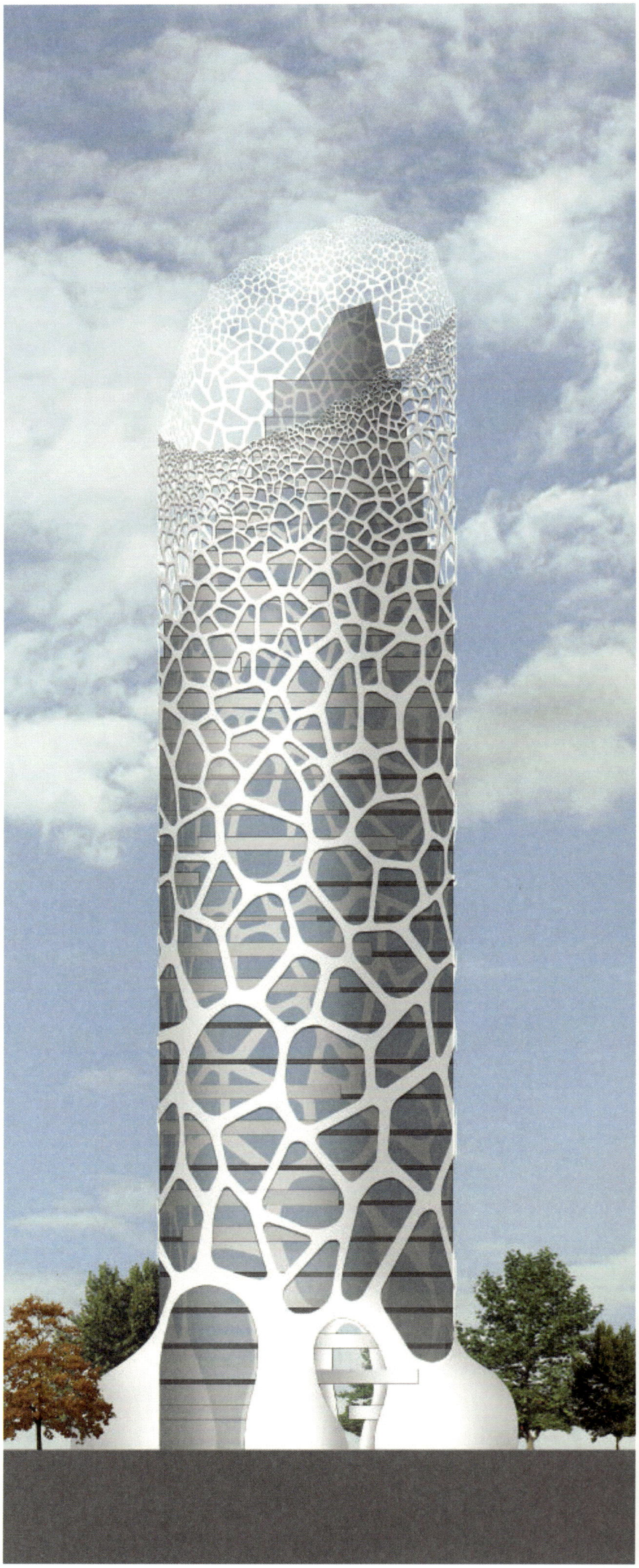

Plattegrond begane grond. *Ground floor plan.*

Doorsnede. *Section.*

Legenda. *Legend.*
7 danszaal. *dance hall.*

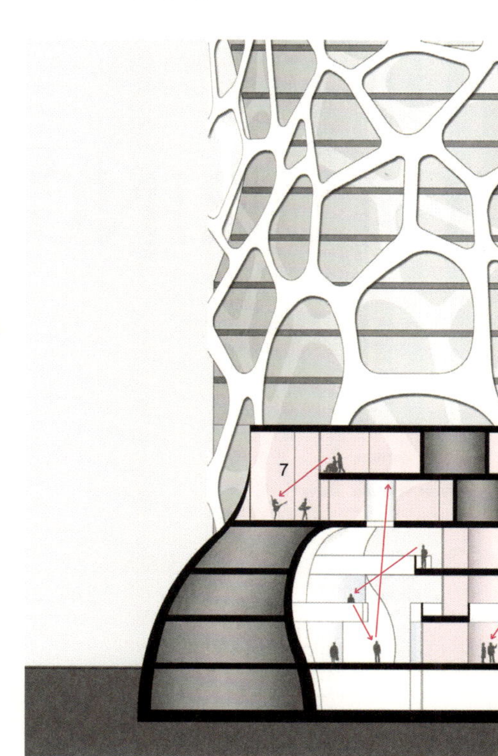

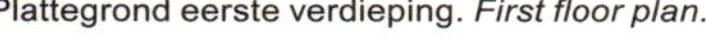

Plattegrond eerste verdieping. *First floor plan.*

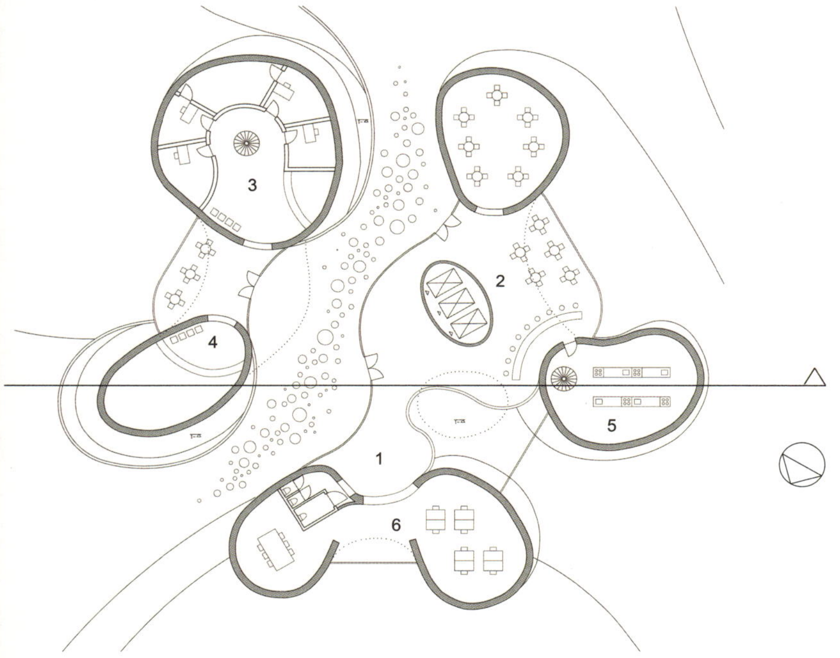

Legenda. *Legend.*

1 infobalie. *information desk.*
2 grand café. *grand café.*
3 huisartsenpraktijk. *doctors' practice.*
4 apotheek. *pharmacy.*
5 keuken. *kitchen.*
6 kantoor. *office.*

Juryrapport

Het plan voor een toren waarin dementerende bejaarden gehuisvest worden stelt een actueel probleem aan de orde. Het pleidooi van de ontwerpster voor een grootschalig complex is gebaseerd op een heldere stellingname en biedt een interessant uitgangspunt voor het ontwerp. Het is daarnaast interessant om de mogelijkheden van een grootschalige voorziening te onderzoeken. Het groeiend aantal demente bejaarden vraagt om adequate oplossingen en passende woonvormen. De grootschalige voorziening wordt ondergebracht in een enorme, organisch vormgegeven toren. Het proces van onthechting dat plaatsvindt bij voortschrijdende dementie wordt in de uitwerking op letterlijke wijze vertaald tot een hermetisch en angstaanjagend concept. De demente bewoners komen steeds hoger in de toren te wonen naarmate de dementie vordert. Gesuggereerd wordt dat bij een bepaalde staat van dementie een bepaalde vorm hoort. Dat wordt echter niet op overtuigende wijze gemotiveerd. Het is bovendien de vraag of je een dergelijke dwingende vorm zou moeten willen. De op zichzelf interessante gedachte om een grootschalig complex te ontwerpen leidt in dit plan tot een eenzijdige en eenduidige oplossing die niet weet te overtuigen, ook al vanwege het misplaatste symbolisme en de gebrekkige relatie met de Dordtse context.

Jury report

The project for a tower that is home to elderly people suffering from dementia broaches a relevant issue. Its designer's call for a complex on a large scale is grounded in a clear stance and holds out a compelling stepping-off point for the design. It is interesting to explore the possibilities of a facility on this scale. The growing number of elderly dementia sufferers calls for effective measures and appropriate forms of dwelling. The large-scale facility in question is housed in an enormous organic tower. The process of disengagement that occurs in advancing dementia is rendered literally in the developed design as a hermetic and terrifying concept. Residents are rehoused steadily higher up the tower as their dementia advances. It is suggested that a particular form belongs to a particular state of dementia, yet this is not convincingly justified. Indeed, it is questionable whether you should saddle patients with such coercive forms. The notion, interesting in itself, of designing a mega complex has stranded in a one-sided, monolithic response that fails to convince, not least due to the misplaced symbolism and the flimsy relationship with its setting in Dordrecht.

Restructuring the Resettled Landscape

Een landschappelijke strategie die een geïntegreerde oplossing biedt voor het arrangement van informele activiteiten en landgebruik in het oeverlandschap van het Volta Meer in Ghana.
An integrated landscape based strategy for guiding informal activities and settlement in the riparian landscape of Lake Volta, Ghana

RESTRUCTURING THE RESETTLED LANDSCAPE

MIRANDA SCHUT + ILSE VERWER

Miranda Schut, Ilse Verwer

OPLEIDING *PLACE OF EDUCATION*
Wageningen Universiteit
STUDIERICHTING *SPECIALIZATION*
Landschapsarchitectuur *Landscape Architecture*
MENTOREN *TUTORS*
Ingrid Duchhart, Kelly Shannon

CONTACT *CONTACT*
Miranda Schut; Zevenhuizerlaan 73, 1851 MS Heiloo
mirandaschut@gmail.com
Ilse Verwer; Moezeldreef 171, 3561 GA Utrecht
ilseverwer@hotmail.com

Restructuring the Resettled Landscape
Miranda Schut, Ilse Verwer

De invloed van een stuwmeer reikt veel verder dan het overstroomde landschap. Wereldwijd worden nog altijd dammen aangelegd. Dit heeft vaak ingrijpende gevolgen voor de samenleving waardoor conflictsituaties kunnen ontstaan. Het is van belang om vanuit een ruimtelijk perspectief naar stuwmeren te kijken. Een relevante case is het Volta Meer in het West-Afrikaanse Ghana. Bij de aanleg van de Akosombo Dam werd in 1964 zo'n 85.000 km2 land geïnundeerd; 80.000 mensen werden gedwongen huis en haard te verlaten. Tegenwoordig komen in het oeverlandschap van het Volta Meer op grote schaal informele activiteiten en bewoning voor ondanks planningsmaatregelen. De voornaamste reden voor vestiging is de hoge potentie van activiteiten in de primaire sector die het water met zich mee heeft gebracht. De bewoners die daarmee in hun levensonderhoud voorzien, trekken op hun beurt weer bedrijvigheid en bewoning aan. Het landschap is echter extreem kwetsbaar, en de groeiende druk resulteert in degradatie van het systeem. Bovendien wordt de toekomst van elektriciteitswinning door de Akosombo Dam bedreigd door sedimentatie als gevolg van de menselijke activiteiten. Het huidige uniforme overheidsbeleid blijkt een inadequate benadering.
Dit project onderzoekt de mogelijkheid om binnen dit spanningsveld een ruimtelijke, duurzame en geïntegreerde oplossing te creëren met een strategie die is gebaseerd op het landschap.
Het doel is een balans te vinden tussen enerzijds de leefbaarheid van de (informele) dorpen en anderzijds de bescherming van de omgeving tegen sedimentatie en degradatie. Het concept neemt de ruimtelijke structuur van het oeverlandschap als uitgangspunt: de opbouw wordt versterkt door middel van infrastructuur dat een kader creëert. Op strategische locaties zorgt de link van faciliteiten aan het netwerk voor het begeleiden van de informele activiteiten en nederzettingen. Het concept werkt als een magneet met een positieve en een negatieve pool. De toegang tot basisvoorzieningen en de gelegenheid tot ontplooiing trekt geconcentreerde ontwikkeling van particuliere initiatieven en bewoning aan. Daardoor vermindert de druk op de meest kwetsbare delen van het landschap. Doordat er bovendien een grotere afstand is tot het meer, blijft het overstromingsrisico voor de bewoners beperkt. Deze aanpak, gebaseerd op incentive planning (stimulans planning), gebruikt beperkte financiële middelen en minimaal grondeigendom. Het ontwerp biedt oplossingen voor verschillende elementaire problemen zoals slechte toegankelijkheid, en onregelmatige en onbetrouwbare energievoorziening en integreert die met toegang tot basisvoorzieningen zoals schoon drinkwater, sanitair, veilige leefomstandigheden en een aangename buitenruimte. Door het verbeteren van waterretentie in het landschap wordt de landbouwproductie groter en gaat de voedselzekerheid vooruit. Verbeterde landbouwtechnieken beschermen het landschappelijke systeem tegen erosie, uitputting en vervuiling.

Restructuring the Resettled Landscape
Miranda Schut, Ilse Verwer

The impact of a dam extends further than the flooded landscape. Even now, dams are being built all over the world. This often has dramatic consequences for the community and can be grounds for conflict. It is important to regard dams from a spatial perspective. Lake Volta in Ghana in West Africa can serve as a case study. When the Akosombo Dam was constructed in 1964 some 85,000 square kilometres of land was inundated and 80,000 people were forced to leave their homes. Despite preventive planning measures, the riparian landscape of Lake Volta is these days host to informal activities and settlement on a large scale. The principal reason for setting up there is the huge potential for activities in the primary sector brought by the large body of water. The inhabitants who live from these themselves attract further informal activities and settlement. Yet the landscape is vulnerable in the extreme and the mounting pressure is causing the system to degrade. To compound matters, sedimentation brought by human activity is threatening the future production of hydro-electric power by the Akosombo Dam. The present uniform government policy is proving inadequate to the task.
This project assesses the possibility of creating within this complex relationship a spatial, sustainable and integrated solution whose strategy is rooted in the landscape.
Our intention is to find a balance between sustaining the quality of life in the informal settlements and protecting the surroundings against sedimentation and degradation. The concept steps off from the spatial structure of the riparian landscape, strengthening it with infrastructure to create a framework. At strategic places the link of infrastructure facilities to the network serves to guide the informal activities and settlements. The concept functions as a magnet with a positive and a negative pole. Access to basic needs and the opportunity to realize one's potential attracts concentrated development of private initiatives and settlement. This relieves pressure on the most vulnerable parts of the landscape. And, being at a greater distance from the lake, there is less risk of flooding for the settlers. This incentive planning approach uses limited financial resources and minimal land ownership. The design provides solutions to a number of basic problems such as poor accessibility and erratic and unreliable power supply, integrating them with such basic facilities as clean drinking water, sanitation, safe living conditions and attractive outdoor space. By improving water retention in the landscape agricultural production will increase and with it the guarantee of food. Improved agricultural techniques protect the environmental system from erosion, depletion and pollution.

Magneet water. Water is nodig voor dagelijks levensonderhoud en biedt potentie aan activiteiten in de primaire sector. Mensen worden hierdoor aangetrokken, als deeltjes naar een magneet.
Magneet water. Water as a magnet. Water is necessary for day-to-day subsistence and holds out potential for activities in the primary sector. This attracts people, the way a magnet attracts particles.

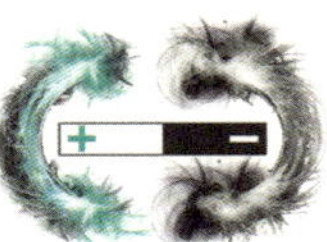

Magneet infra. Stimulans planning: de toegang tot basisvoorzieningen en de gelegenheid tot ontplooiing trekt geconcentreerde ontwikkeling van particuliere initiatieven en bewoning aan.
Infrastructure as a magnet. As a stimulus to planning, the accessibility of basic facilities and the opportunity to realize one's potential attracts concentrated development of private initiatives and settlement.

Ontwikkeling in drie fasen: strategische flexibiliteit bereidt de ontwikkeling voor én geeft de bevolking de ruimte om te groeien op een informele manier. *Development in three stages: a strategic flexibility prepares the development and accommodates local population growth.*

Fase 1. *Phase 1.*

Bestaande onverharde weg. *Existing unpaved road.*

Begin van rioleringssysteem. *Start of sewage system.*

Openbaar plein. *Public square.*

Boorgat ter verbetering van de milieuhygiëne. *Borehole to improve environmental hygiene.*

De Parinari curatellifolia (Mobola pruimenboom) fungeert als herkenningspunt en zorgt door zijn schaduw voor een aangenaam microklimaat. *Parinari curatellifolia (Mobola plum) acts as a landmark, its shade providing an attractive microclimate.*

Fase 2. *Phase 2.*

De weg is verbeterd en verbonden met nabijgelegen dorpen en steden. *The road is improved and connected to nearby villages and towns.*

Spontane nederzetting. *Spontaneous settlement.*

Naast de nieuwe hoofdweg zorgt de Acacia albida (Anaboom) voor schaduw, oriëntatie en ze gaat de erosie tegen. *Next to the new main road, Acacia albida (Ana tree) provides shade, orientation and a foil to erosion.*

Openbare voorzieningen als gemeenschapscentrum, medische post etc. *Public facilities (community centre, medical post etc).*

Fase 3. *Phase 3.*

Spontane markt in de berm van de weg met kraampjes en winkeltjes. *Spontaneous roadside market with stalls and shops.*

Trotro station (openbaar vervoer terminal) handel en opslag. *Trotro station (public transport terminal) and commercial area with storage facilities.*

Riool aangesloten op waterzuiveringsinstallatie. *Gutter connected to water purification system.*

Groeiende nederzetting evolueert tot stedelijke omgeving. *Growing settlement evolves into urban environment.*

GEDEELDE TWEEDE PRIJS SHARED SECOND PRIZE

Ondanks planningsmaatregelen komen onbedoelde informele activiteiten en bewoning op grote schaal voor in de verboden zone langs de oever van het meer. Er wordt gewoond, gevist, hout gewonnen, er vindt akkerbouw en veeteelt plaats en er wordt afval gedumpt. Door de groeiende druk degradeert het systeem. Erosie en sedimentatie bedreigen de elektriciteitsopwekking door de Akosombo dam.
- verboden zone

Despite planning precautions, unintended informal activities and settlement still occur on a major scale in the forbidden zone along the lakeside. Besides making it their home, people catch fish, fell trees, plant crops, raise cattle and dump waste there. The growing pressure is degrading the system. Erosion and sedimentation threaten the generation of hydro-electric power by the Akosombo Dam.
- forbidden zone

Concept: strategie gebaseerd op de ruimtelijke structuur van het oeverlandschap, versterkt door middel van infrastructuur. De druk op de meest kwetsbare delen van het landschap wordt beperkt, en het risico op overstromingen vermindert.

Concept: strategy based on the spatial structure of the riparian landscape strengthened by infrastructure. The pressure on the most vulnerable parts of the landscape is relieved and the risk of flooding reduced.

De weg vormt een structurerend element in het oeverlandschap, nederzettingen vormen zich spontaan waar de omstandigheden gunstig zijn
the road as a structuring element in the riparian landscape, settlements spring up spontaneously where conditions are favourable.

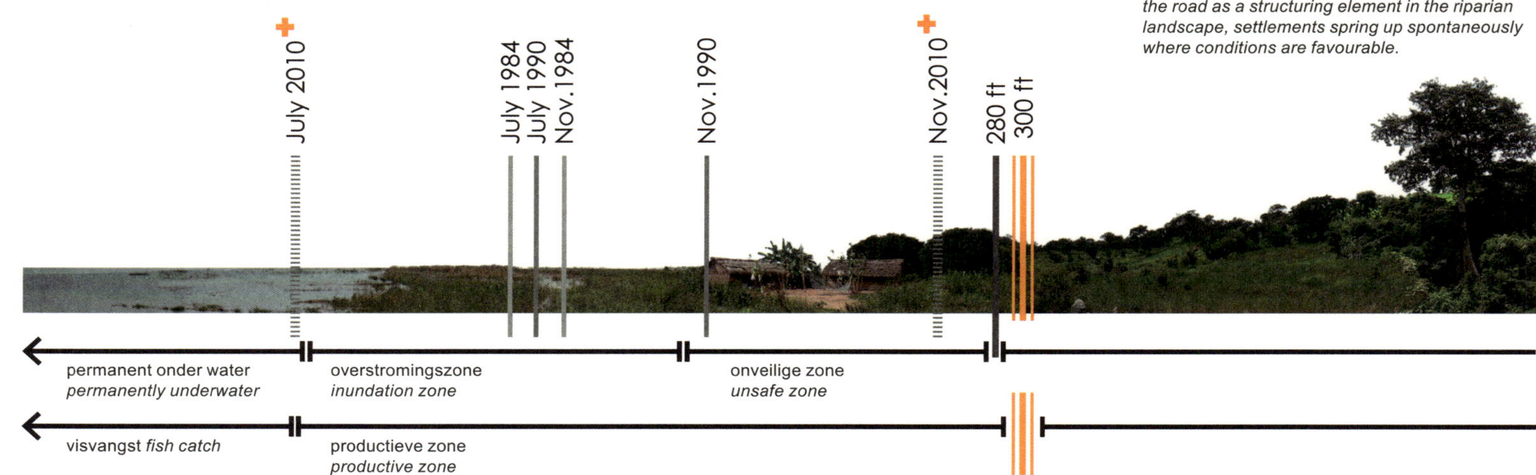

De nieuwe weg als netwerk en kader in het oeverlandschap. Op strategische locaties zorgt de link van faciliteiten en ontwerp interventies aan het netwerk voor het begeleiden van de informele activiteiten en nederzettingen. *The new road as a network and framework in the riparian landscape. The linking of facilities and design interventions to the network at strategic places is central to guiding the informal activities and settlement.*

5
2
1
0 km

Contourlijn overstromingszone op 84 meter hoogte
Contour line of inundation zone at a height of 84 metres

Interventie ter stimulering van ontwikkelingen
Intervention to stimulate developments

Nieuwe weg op 90 meter hoogte
New road at a height of 90 metres

Productieve zone: landbouw in de overstromingszone
Productive zone: agriculture in the inundation zone

Productieve zone: geïrrigeerde landbouw
Productive zone: irrigated farming

Bebossing van seizoensgebonden stroomdal
Afforestation of seasonal flood plain

Ferry routes *Ferry routes*

Kano routes *Ferry routes*

Juryrapport

Het plan presenteert een sterke en realistische strategie voor het oeverlandschap van het Volta Meer in Ghana. De theoretische onderbouwing en de ontwerpvoorstellen sluiten bij dit plan zeer goed op elkaar aan. Uit de interessante en zeer goed onderbouwde toelichting blijkt dat de ontwerpsters zich goed verdiept hebben in de lokale cultuur. Met een open houding, realiteitszin en veel begrip voor de lokale omstandigheden dragen ze samen met de bewoners adequate oplossingen aan voor de heersende problemen. Ten opzichte van de ambitie om een veelheid van problemen op te lossen met eenvoudige middelen lijken de voorgestelde ingrepen adequaat. De ontwerpsters komen terecht niet in de verleiding een uitgewerkt ontwerp te maken, maar tonen de kansen van de opgestelde strategie door middel van voorbeelduitwerkingen voor twee kansrijke locaties. De ontwerpvoorstellen worden goed onderbouwd en lijken de juiste manier om de opgave aan te pakken. Het pragmatisme wat de ontwerpsters aan de dag leggen werkt erg goed. Zo wordt de na de aanleg van het stuwmeer gegroeide ontwikkeling als gegeven geaccepteerd hoewel ze niet direct gewenst is. Dat realisme biedt ruimte voor het ontwikkelen van een nieuwe infrastructuur van basisvoorzieningen die de bewoners op een effectieve manier prikkelt om er effectief gebruik van te maken.

Jury report

This project presents a strong and realistic strategy for the riparian or river-bank landscape of Lake Volta in Ghana. The theoretical underpinning and the design proposals mesh together exceedingly well. Judging by the compelling and very well-grounded report, the designers have familiarized themselves thoroughly with the local culture. With an open mind, a sense of reality and a solid understanding of local conditions they and the local inhabitants present efficient solutions to the prevailing problems. The proposed interventions look capable of resolving the slew of issues with simple means. The designers correctly avoid the temptation of making a fully worked-up design but instead show the opportunities for the deployed strategy by developing exemplary two sites with potential. These design proposals are well-grounded and the approach they take seems to be the right one. The designers' practical attitude works very well. Thus, for example, they accept as fact the burgeoning development following construction of the dam although it is not exactly desirable. This realistic approach clears the way to developing a new infrastructure of basic facilities, one that stimulates those who have settled there to make effective use of them.

THE SCHOOL
ANNA BORISOVA

The school

Aan het water in Amsterdam Noord, biedt een nieuwe school ruimte aan de gewenste vernieuwing van het onderwijs. *A new school on the water in Amsterdam Noord provides a venue for the desired innovation in education.*

Anna Borisova

OPLEIDING *PLACE OF EDUCATION*
AvB Amsterdam
STUDIERICHTING *SPECIALIZATION*
Architectuur *Architecture*
MENTOREN *TUTORS*
Don Murphy, Holger Gladys, Heike Löhmann
CONTACT *CONTACT*
Lange Mare 77, 2312 GR Leiden
annaborissova@msn.com

The school
Anna Borisova

'Books, no matter how scholarly are always biographies of their authors' – Annabel Jane Wharton

Na jaren van verwaarlozing en gebrekkige budgetten, stelt het rapport van het Dijsselbloem Comité over vernieuwingen in het middelbaar onderwijs, dat onderwijs weer hoog op de politieke agenda staat. Gezien het maatschappelijk belang van dit vraagstuk spannen architecten zich in voor oplossingen die tegemoet komen aan alle eisen die worden gesteld aan de 'nieuwe school'.
Onze maatschappij, leefomstandigheden en verantwoordelijkheden zijn dramatisch veranderd in de laatste twintig jaar. Nu de school niet meer de enige bron van kennis is, is de vraag welke rol zij heeft in de maatschappij van vandaag. Daarmee wordt het ontwerpen van onderwijsgebouwen een grotere architectonische uitdaging dan ooit tevoren. Hoe kan iemand op een hedendaagse school individualistisch zijn en tegelijkertijd opgaan in een groep? Klaslokalen worden vaak vervangen door leeromgevingen; aula's zijn pleinen geworden. Heeft het klaslokaal zijn waarde voor de school verloren? En als alle ruimte in een school voor iedereen is, hoe vind je daar dan ruimte voor jezelf?
Het onderwijssysteem in Nederland is zeer divers: naast de traditionelere 'klassieke' onderwijsinstellingen, is er keuze uit Britse, Amerikaanse, Islamitische en Montessori scholen. Daarnaast zijn er allerlei vormen van bijzonder onderwijs (privé scholen). De Nederlandse maatschappij staat open voor experimenten in het onderwijs. Dit project maakt daar volop van gebruik en is gebaseerd op mijn eigen ervaringen op school in Sovjet Rusland. Je zou kunnen stellen dat een schoolgebouw het meest invloedrijke gebouw is dat een architect kan ontwerpen. Dit is de omgeving waar karakters en principes worden gevormd.

De Heuvel, entrée van de basisschool. *The Hill, entrance to the Primary School.*

De School in de context van Amsterdam Buiksloterham. *The School within its context, Amsterdam Buiksloterham.*

Basisschool, verdieping met klaslokalen. Typische dorpsplattegrond: een hoofdstraat met huizen er langs. Elk 'huis' bestaat uit 4 klaslokalen, een gemeenschappelijke ruimte, een fietsenstalling en een daktuin. Het klaslokaal is een thuis: de flexibiliteit van plattegrond maakt een gevarieerd gebruik van de ruimte mogelijk. *Primary School, classrooms level. Plan of a typical 'village' with one main street and houses positioned along the side. Each 'house' consists of 4 classrooms, common space, bicycle parking and a roof garden. Classroom as a 'home': flexibility of the plan allows for variety of space use.*

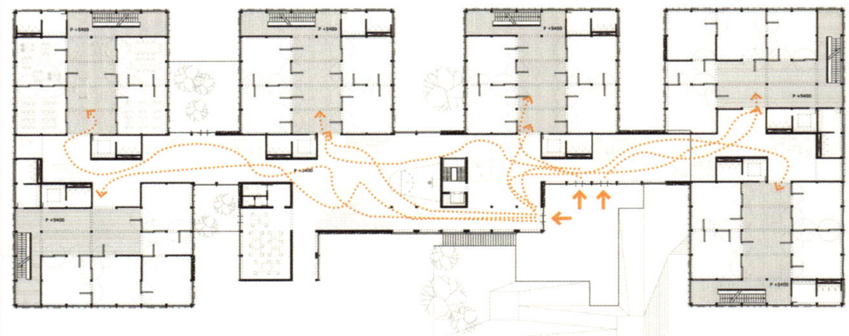

<u>The school</u>

Anna Borisova

'Books, no matter how scholarly, are always biographies of their authors' – Annabel Jane Wharton

After years of neglect and poor funding, the report issued by the Dijsselbloem Committee on innovations in secondary education states that education is high on the political agenda again. Given the social importance of this issue, architects are engaged in finding solutions that meet all the demands made of the 'new school'.

Our society, living conditions and responsibilities have changed dramatically in the past twenty years. Now that the school is not the sole source of knowledge it puts into question the role of schools in today's society. This makes the design of buildings for education a bigger challenge for architects than ever before. How can today's pupil be an individual and at the same time one of a group? Classrooms are often replaced with learning environments; assembly halls have become schoolyards. Has the classroom lost its value for the school? And if all the space in a school is for everyone, how can you find a space of your own?

The education system in the Netherlands is exceedingly wide-ranging: besides the more traditional institutions, you can choose from British, American, Islamic and Montessori schools. There are in addition all kinds of special education given at private schools. Dutch society is open to experiments in education. This project makes the most of this fact and is based on my own school experiences in Soviet Russia. You might say that a school building is the most influential building an architect can design. It is the setting where characters and principles are shaped.

Typisch klaslokaal middelbare school. Mogelijk daggebruik als klaslokaal, 's avonds in gebruik als huiskamer. *Secondary School: typical classroom. One of the possible transformations from day use (teaching) to evening use (home-like atmosphere).*

Zicht op de School vanaf het water. Het gebouw fungeert als baken voor de buurt. Dat stimuleert de betrokkenheid en het gevoel van trots van alle gebruikers. *View of the School from the water: the building should be an icon for the neighbourhood. This will facilitate involvement and instil a sense of pride in all users.*

Schoolcafetaria voor alle leerlingen en de kinderen die in de school wonen. Na schooltijd gemeenschappelijk te gebruiken voor partijtjes of kookles. *School cafeteria to be used by all pupils (in shifts), as well as by children living in the dormitories. After school hours a community use (a party or a cookery class).*

Thuisbasis, gemeenschappelijke ruimte van de basisschool. *Home Base, common space in the Primary School.*

Juryrapport

Het ontwerp voor een school gelegen aan het water in Amsterdam Noord is bedoeld als voorbeeld van een nieuw type school die plaats biedt aan het onderwijs van de toekomst. Het ontwerp is daarnaast gebaseerd op de persoonlijke schoolervaringen van de ontwerpster in Sovjet Rusland. Hiermee stelt ze zich een interessante actuele opgave. De intenties zijn goed. De persoonlijke insteek is echter niet voelbaar in het weinig poetische ontwerp. Omdat de schaal van de ruimtes niet gedifferentieerd is naar het type ruimte en ook niet aansluit bij de schaal en de leefwereld van het kind blijft het interieur te algemeen om een passend antwoord te geven op de gestelde opgave. De relatie van het op zichzelf elegant vormgegeven complex met zowel de functie als de context blijft onduidelijk, een goede onderbouwing van het ruimtelijk concept wordt node gemist.

Jury report

The design for a school sited along the water in the north of Amsterdam is intended as an example of a new school type where the education of the future can be given. It is additionally based on its designer's own school experiences in the former Soviet Union. This makes it an interesting and relevant brief. The intentions are good. Unfortunately the personal input is lacking from what is a none too poetic design. Since the scale of the rooms is not differentiated to suit the type of room and fails to accord with the scale and the experiential world of children, the interior is too general to be a fitting answer to the task at hand. The relation between what in itself is an elegantly crafted ensemble and its function and context is anything but clear, as the spatial concept lacks the necessary underpinning.

HONOURABLE MENTION EERVOLLE VERMELDING

SPACE OF THE VOIDS

NEGAR SANAAN BENSI

Negar Sanaan Bensi

OPLEIDING *PLACE OF EDUCATION*
TU Delft
STUDIERICHTING *SPECIALIZATION*
Architectuur *Architecture*
MENTOREN *TUTORS*
Marc Schoonderbeek, Oscar Rommens, Suzanne Groenewold
CONTACT *CONTACT*
Ternatestraat 93, 2612 AZ Delft
nsanaanbensi@gmail.com

Space of the Voids Ruimte van herinnering en vergetelheid. *Space of Remembrance and Forgetfulness.*

De void als een nieuw soort ruimte voor Havana, oud en gevuld met herinneringen die geleidelijk aan vergeten worden: een gedenkplek voor het dagelijkse leven. *The void as a new kind of space for Havana, old and filled with memories that are gradually being forgotten: a memorial space for daily life.*

Space of the Voids Ruimte van herinnering en vergetelheid
Negar Sanaan Bensi

'Ruïnes kenmerken zich door een kwetsbare balans tussen behoud en verval, natuur en geschiedenis, wreedheid en kalmte, melancholie en hoop, op een wijze die geen enkel onbeschadigd bouwwerk of kunstwerk kan bereiken.'

In Havana is een evenwicht tussen vol en leeg ontstaan. De stad worstelt om nieuwe invullingen te creëren voor haar oudste locaties, de braakliggende plekken. De stad is een collage van grids uit verschillende periodes in haar geschiedenis (koloniaal, neo-koloniaal en communistisch) die zichtbaar worden op deze braakliggende plekken, de voids. Op deze wijze heeft de stad zichzelf vormgegeven sinds de revoutie van 1959. De void heeft specifieke ruimtelijke kwaliteiten, gemaakt door de tijd. Dit type palimpsest biedt ruimte voor wonderlijke scenario's.

De grootste delen van Havana zijn koloniaal. Na 1959 zijn veranderingen voor de stad beloofd. Maar wat waren de ruimtelijke effecten van de communistsche revolutie? Geen enkel masterplan werd geïmplementeerd, het waren telkens maar kleine delen. De stad stopte met uitbreiden en opbouwen en het verval trad in. Sommige gebouwen raakte geleidelijk in verval, andere werden vernield door orkanen. Door de economische situatie in het land was het gemakkelijker de ruïnes te laten staan en andere woonplekken te zoeken dan de gebouwen te renoveren. Op deze wijze zijn vele gebouwen achtergelaten en boden de voids de stad en haar bewoners nieuwe ruimtes. En toen er steeds meer voids kwamen, gingen mensen er ook weer wonen.

Deze ruimtes vol herinneringen vormen het symbool van de maatschappelijke en politieke veranderingen op deze plek. Het zijn monumenten van de revolutie die deel uit gingen maken van het dagelijks leven in de stad. Geleidelijk begon men de geschiedenis van deze plekken te vergeten, maar dat gold niet voor de vorm . Deze kenmerkende tweezijdigheid is het scenario van Space of the Voids. De voids vormen een herinnering aan het feit dat mensen willen vergeten.

Dit project vertelt het verhaal van de ontwikkeling van een nieuw type ruimte voor de stad. De void is hier niet opgevat als overgebleven ruimte maar als een nieuw soort ruimte die oud is en gevuld met herinneringen en betekenissen die geleidelijk vergeten worden.

Er is gekozen voor een narratieve benadering en een presentatie in

In kaart brengen *Mapping.* Kaart van het centrum van Havana met ruimtelijke leegtes (voids). *Spatial void map of central Havana.*

tekeningen die de specifieke kwaliteiten van deze voids tot uitdrukking brengen. Startpunt was een reeks wandelingen in het oude deel van Havana waar de meeste voids te vinden zijn. Dit resulteerde in de Spatial Void Map of Havana. Wat volgde waren twee parallelle trajecten. Enerzijds werden de ruimtelijke kwaliteiten in maquettes en tekeningen vastgelegd. Daarbij werden tekeningen vaak over elkaar heen gelegd als referentie naar de gelaagdheid en het idee van de palimpsest. Bovendien werden scenarios voor de voids gepresenteerd aan de hand van tekeningen, teksten en telkens één principemodel. Tot slot werd het project gepresenteerd in een van de blokken van centraal Havana, hetgeen ook een void is in de stad.
Space of the Voids is een gedenkplek voor het dagelijks leven. Het is een nieuwe benadering van de stad en toont een gefragmenteerd beeld van verschillende scenario's als metafoor voor de veranderingen in de stad. Space of the Voids belichaamt de ruimte tussen realiteit en fantasie, tussen binnen en buiten, open en gesloten, monument en dagelijks leven, stedenbouwkundige en architectonische schaal, gebouw en landschap, publiek en privé.
Ten slotte wordt ook deze void opgenomen in de stad en wordt onderdeel van de het grid.....

Space of the Voids Space of Remembrance and Forgetfulness
Negar Sanaan Bensi

'Ruins display a fragile balance between maintained form and decay, between nature and history, between brutality and quietness, melancholy and hopefulness, in a way that couldn't be reached by any intact building or artwork.'
A balance between full and empty informs Havana. The city is struggling to find new infills for the disused places that are its oldest sites. Havana is a collage of grids from different periods in its history (Colonial, Neo-colonial and Communist) which show through at these disused places or voids. This is what has shaped the city since the Revolution of 1959. The voids have particular spatial qualities shaped by time. This type of palimpsest is the place for exceptional scenarios. Most parts of Havana belong to the Colonial period. After the events of 1959, changes were promised for the city. But what was the spatial aftermath of the Communist Revolution? No single master plan was implemented, just small parts every time. The city stopped expanding and developing and decay set in. Some buildings deteriorated over time, others were damaged by hurricanes. In view of the country's economic state it was easier to look for somewhere else to live than renovate the ruins. Many buildings were abandoned this way and the voids hold out new spaces for the city and its inhabitants. And as the number of voids increased, people began inhabiting them again.
These spaces full of memories are symbolic of the social and political upheavals here. Monuments to the Revolution, they became part of the city's daily life. Little by little, the history of these places has been slipping from human memory, but not their form. This characteristic duality informs the scenario of Space of the Voids. The voids are a reminder of the fact that people want to forget.
This project narrates the development of a new type of space for the city. Here the voids are conceived of not as leftover space but as space of a new kind that is old and filled with memories and meanings that are gradually slipping away.
The project adopts a narrative approach and a presentation in drawings that together express the specific qualities of these voids. It all began with several walks taken by its designer in the old part of Havana where most of the voids are to be found. This resulted in the Spatial Void Map of Havana. The process then took two parallel paths. One of these was to record the spatial qualities in models and drawings, with the drawings often superimposed in a reference to the layering and the notion of the palimpsest. The other path was to present scenarios for the voids through drawings, texts and one model per scenario. Lastly the project was presented in one of the blocks of central Havana, itself a void in the city.
Space of the Voids is a memorial space for daily life. A new approach to the city, it presents a fragmented picture of differing scenarios as a metaphor for changes in Havana. Space of the Voids embodies the space between reality and fantasy, between inside and outside, open and closed, memorial and everyday life, urban and architectural scale, building and landscape, public and private.
In the end these voids are absorbed by the city and become part of the grid...

Proces scenario. *Process-Scenario.*

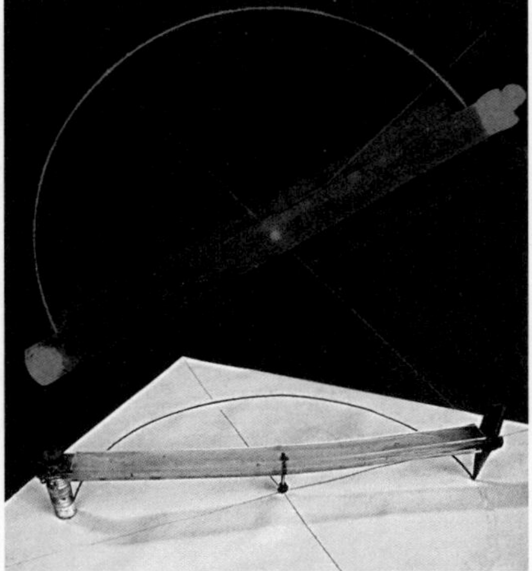

De cirkel van het geheugen en de vergetelheid.
The circle of memory and forgetfulness.

In de spirituele ruimte bevinden zich drie zones: donkere ruimte, lichte ruimte en tussenruimte.
There are three zones in the spiritual space: dark space, light space and in-between space.

Hangende elementen vormen een onderdeel van de voids. Een trap viel naar beneden en is niet langer een trap maar is een brug geworden.
Hanging elements are part of the voids. A stair fell down and it is no longer a stair but has become a bridge.

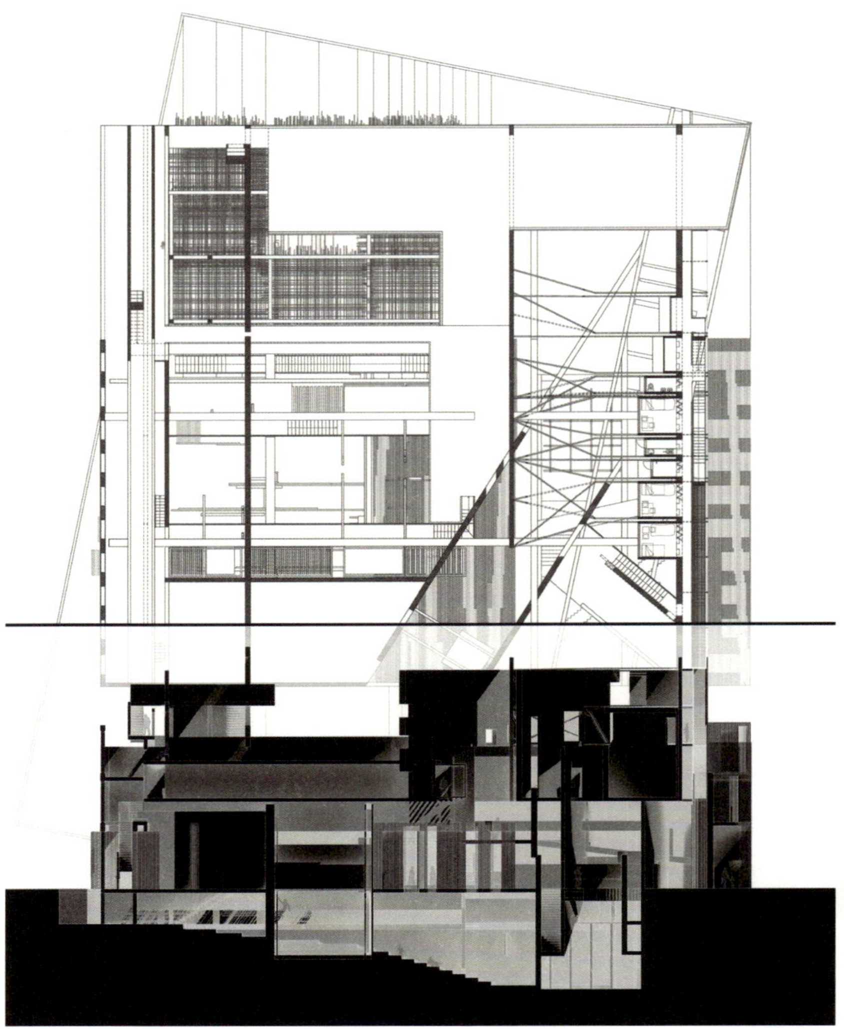

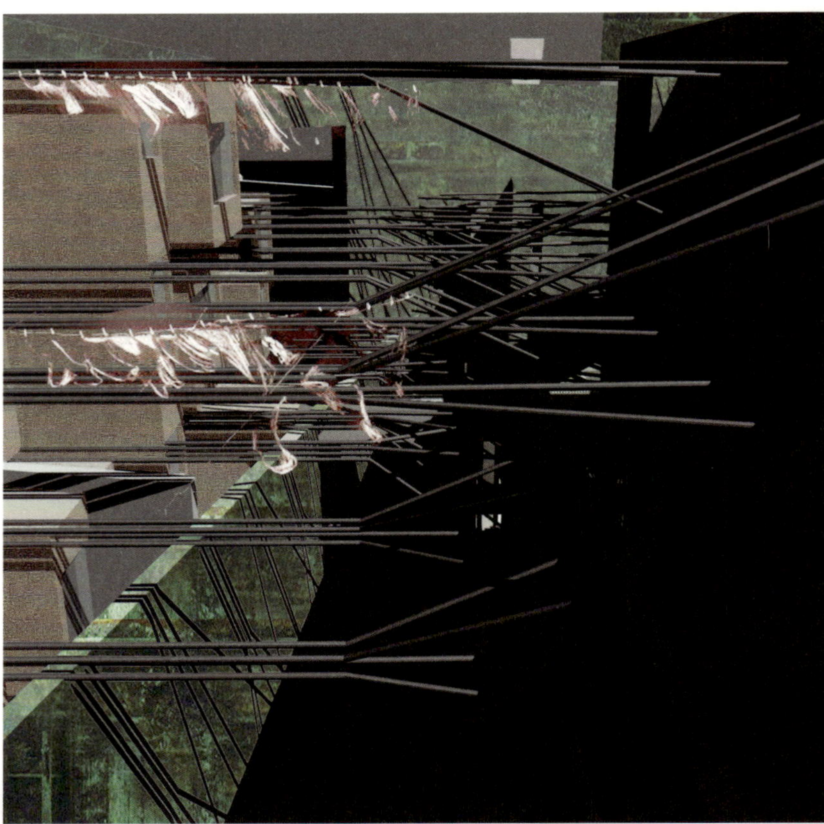

Juryrapport
Op geheel oorspronkelijke wijze wordt een fascinerend ruimtelijk plan voor een braakliggende locatie in Havana ontwikkeld. De schitterende presentatie geeft op begeesterende wijze inhoud aan de metafoor van de veranderende stad. Een breed spectrum aan relevante thema's wordt daarbij op intrigerende wijze aan de orde gesteld. Het ontwerp wordt gekenmerkt door een hoge ruimtelijke kwaliteit, de beeldende presentatie geeft blijk van de hand ven een autonome, getalenteerde ontwerper. De combinatie van de intellectualistische benadering met de persoonlijke stijl maakt het plan minder gemakkelijk toegankelijk.

Jury report
This entry unfurls on very much its own terms a fascinating spatial plan for a patch of vacant land in Havana. The magnificent presentation gives substance to the metaphor of the changing city with enthusiasm to spare. To this end the project addresses a broad spectrum of relevant themes along intriguing lines. The design exhibits a great spatial quality, the visual presentation showing its designer to be possessed of talent and individuality. That said, the combination of intellectual approach and personal style compromises the project's accessibility.

The Sublime Light and the Heterotopia

Verlichte afzondering; een klooster voor de Cisterciënzer orde. *Illuminated isolation; a monastery for the Cistercian Order.*

THE SUBLIME LIGHT AND THE HETEROTOPIA

ROBERT WIERENGA

Robert Wierenga

OPLEIDING *PLACE OF EDUCATION*
TU Delft
STUDIERICHTING *SPECIALIZATION*
Architectuur *Architecture*
MENTOREN *TUTORS*
Robert J. Nottrot, Jan Engels, Machiel van Dorst
CONTACT *CONTACT*
Oost-Indieplaats 4, 2611 BR Delft
info@studiodenkruimte.nl

Interieur van de kloosterkerk *Interior of the monastery church.*

The Sublime Light and the Heterotopia
Robert Wierenga

Het sublieme licht dat de ene plek met 'de andere' verbindt is het architectonische kenmerk van een nieuw type heterotopia: de fōstopos. De fōstopos zondert zich in ruimtelijke zin af door middel van licht en verbindt zich met andere plekken doordat ze aan het sublieme buiten zichzelf refereert. De fōstopos biedt binnen zijn grenzen oneindig de ruimte aan het sublieme. Daardoor beantwoordt ze aan een behoefte in onze maatschappij naar de 'andere plaatsen' zoals ze door Foucault zijn geïntroduceerd.
Al eeuwenlang bewijst de 'architectuur van het licht' van de Cisterciënzer orde de kwaliteiten van licht als een middel om ruimtes vorm te geven. In dit ontwerp voor een klooster vormen de ruimtelijke en rituele beleving van het sublieme licht en de overgang naar het omringende landschap, het hart van het fostōpische karakter.

The Sublime Light and the Heterotopia
Robert Wierenga

The sublime light that connect one place with 'the other' is the architectural expression of a new type of heterotopia: the fōstopos. The fōstopos sets itself apart spatially by means of light and connects with other places by referring to the sublime beyond itself. The fōstopos provides an unlimited space for the sublime within its borders. As such, it meets the need in our society for the 'other places' as introduced by Foucault.
For centuries the 'architecture of light' of the Cistercians has demonstrated the qualities of light as a means of giving shape to spaces. In this design for a monastery, the spatial and ritual experience of the sublime light and the threshold with the surrounding landscape are at the heart of its fōstopic character.

There is a crack, a crack
In everything
That's how the light gets in
That's how the light gets in
That's how the light gets in
— 'Anthem' by Leonard Cohen

De kloostergang. *The cloister.*

Aanzicht vanuit het zuidwesten; het hoogteverschil is duidelijk zichtbaar. *View from the south west; the height difference is clearly visible.*

De kapittelzaal. *The chapter house.*

Het lavatorium; licht, warmte en ritueel komen samen. *The lavatorium; light, warmth and ritual come together.*

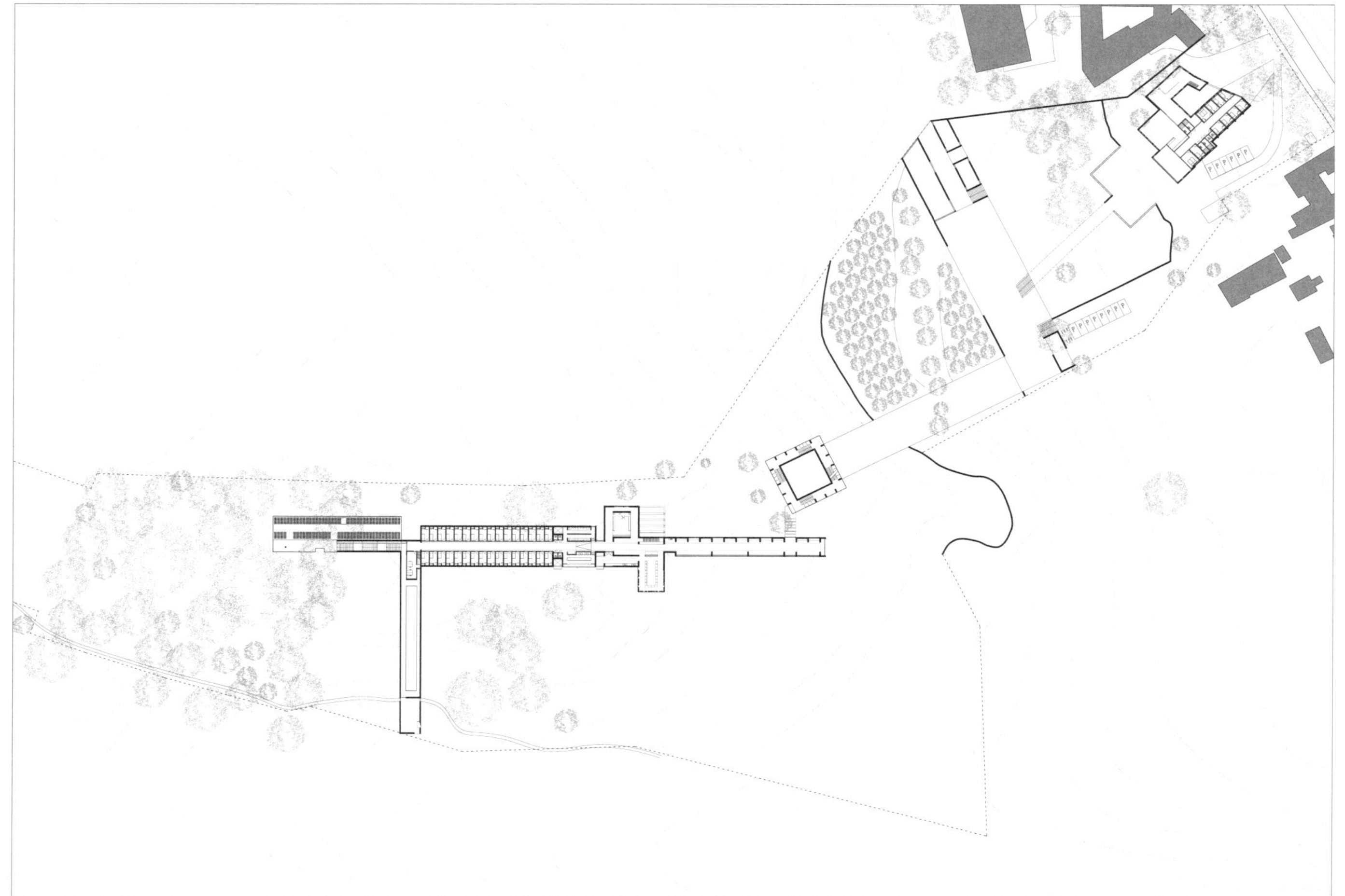

Plattegrond van het klooster en omgeving.
Plan of the monastery and its surroundings.

De begraafplaats. *The cemetery.*

<u>Juryrapport</u>
Het verstilde ontwerp voor een klooster wordt voorafgegaan door een prachtig uitgevoerd vooronderzoek. De filosofische ondergrond wordt zorgvuldig opgebouwd in een helder betoog. Aan de hand van twee essays over heterotopia's en de rol van het licht, wordt betoogd dat je daarmee sublieme architectuur zou kunnen maken. De studie heeft echter geen hechte relatie met het op zichzelf fraaie ontwerp. Het trefzeker in het landschap gesitueerde klooster is vakkundig ontworpen en prachtig gepresenteerd. De zeer esthetische presentatie geeft door de schaarse informatie moeilijk inzicht in het ontwerp. Het contemplatieve aspect is in het plan goed uitgewerkt. De vorm past bij de functie. De ontwerper constateert een maatschappelijke noodzaak voor dergelijke 'other places', ten onrechte wordt echter niet gemotiveerd op welke wijze het klooster aan die noodzaak tegemoet komt.

<u>Jury report</u>
A superbly executed study precedes this subdued design for a monastery. The philosophical underpinning is meticulously constructed in easy-to-follow argumentation. In two essays on heterotopias and the part played by light, its designer argues that these can be used to create a sublime architecture. That said, the study lacks a strong relationship with what in itself is a beautifully conceived design. Sited appositely in the landscape, the monastery is skilfully designed and beautifully presented. The decidedly aesthetic presentation combined with the dearth of information makes the design difficult to fathom. The contemplative aspect has been effectively carried through in the project and the form fits the function. Although the designer diagnoses a need in our society for 'other places' such as this, he fails to explain how the monastery in question meets this need.

Studieplekken in de kloostergang. *Places of study within the cloister.*

Jan Martijn Eekhof

OPLEIDING *PLACE OF EDUCATION*
AvB Amsterdam
STUDIERICHTING *SPECIALIZATION*
Stedenbouw *Urban Design*
MENTOREN *TUTORS*
Bart Stoffels, Ivonne de Nood, Luc Vrolijks
CONTACT *CONTACT*
Rykestrasse 45 45, 10405 Berlin (Germany)
janmartijn_eekhof@yahoo.com

Tempelhof De plantage van Berlijn. *Berlin's Public Garden*

Ontwerp voor de transformatie van het voormalige vliegveld Tempelhof tot voedselcentrum van de stad Berlijn. Een structuur van poreuze bouwblokken met collectieve tuinen vormt de schakel tussen de stad en een nieuw productielandschap.
A design for the transformation of the former Tempelhof Airport into a food centre for the city of Berlin. A structure of porous city blocks with communal gardens mediates between the city and a new productive landscape.

TEMPEL-HOF

JAN MARTIJN EEKHOF

Tempelhof De plantage van Berlijn
Jan Martijn Eekhof

Het vliegveld Tempelhof in Berlijn is gesloten. Veld en gebouw zijn leeg en wachten op een nieuwe bestemming. Dit is een bewogen plek. De gigantische terminal was het meest ambitieuze bouwwerk van het naziregime. Na de oorlog werd het vliegveld door de luchtbrug met het Westen het dramatische beginpunt van de Koude Oorlog. Tempelhof was het voedselcentrum van de stad.

Nu komt een open ruimte zo groot als de Amsterdamse grachtengordel met een enorm leegstaand terminalgebouw, beschikbaar in het hart van de stad. Het gebied is te bereiken via U-bahn, S-bahn en snelweg. In de meeste westerse hoofdsteden zou een dergelijk gebied in hoog tempo worden vol gepland. Berlijn is een uitzondering. Het is een trage, ontspannen metropool met weinig marktdruk. Hier is ruimte niet schaars. Ontwikkelingen hebben de tijd en de ruimte. De stad kan daardoor anders dan met grootschalig vastgoed ontwikkeld worden. De vraag is hoe in deze situatie een stedenbouwkundig plan de unieke kwaliteiten van veld en gebouw zichtbaar kan maken en die een nieuwe betekenis kan geven voor de stad.

Er is een plan nodig dat functioneert zonder fysiek programma, een plan dat in de loop der tijd langzaam kan groeien om nieuw stedelijk weefsel te vormen. Het project 'De plantage van Berlijn' koppelt de ontwikkeling van de stad aan voedsel. Tempelhof wordt opnieuw een voedselcentrum voor de stad. De mechanismen van productie, distributie, consumptie en verwerking van voedsel functioneren als motor voor het ontstaan van een robuust Berlijns stadslandschap op deze plek. Een landschap met vele gezichten.

Een structuur van 'poreuze' bouwblokken met collectieve tuinen ontwikkelt zich langzaam tussen de boomgaarden. Zij zijn de schakel tussen de bestaande stad en een weids productielandschap dat ook als uniek park gebruikt wordt. De voedselterminal wordt toegankelijk gemaakt en biedt spectaculaire openbare ruimtes met zicht op stad, veld en gebouw. Een nieuwe laag wordt toegevoegd aan de rijke geschiedenis van het vliegveld Tempelhof, een laag waarin transparante lokale voedselproductie stevig wordt gekoppeld aan een continu veranderend stedelijk landschap.

FIRST PRIZE EERSTE PRIJS

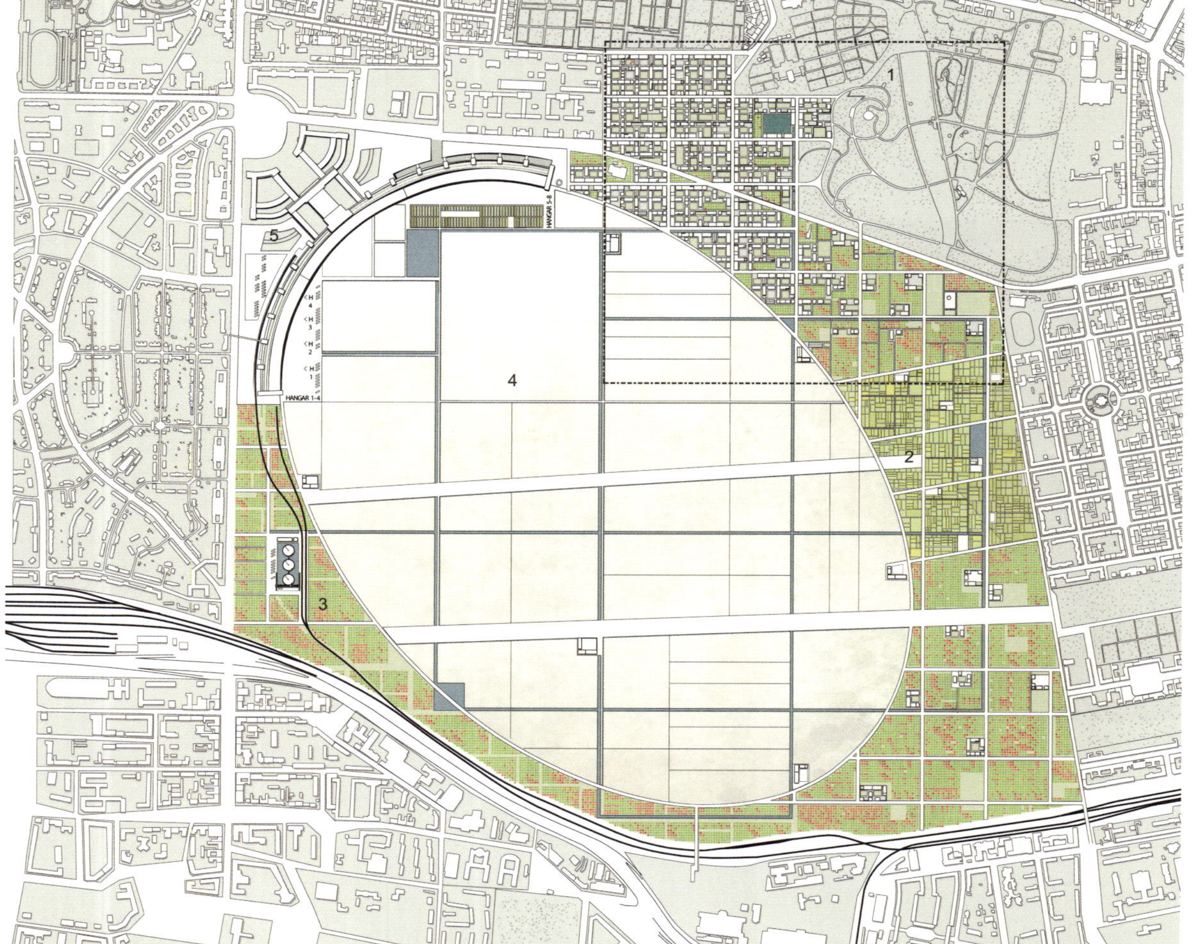

Plankaart. *Planning map*
Deelgebieden. *Component areas*
1 Casco voor het poreuze bouwblok *shell for porous city block*
2 De tuinen van Neukóln. *gardens of Neukóln*
3 De energiemachine. *energy machine*
4 De landbouwvelden. *agriculture fields*
5 De voedselterminal. *food terminal*

Drie casco's. *Three structural shells.*

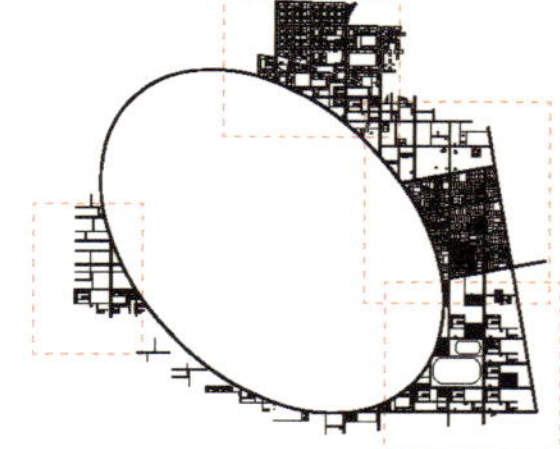

Casco voor stad en boomgaarden 100 ha. *For city and orchards, 100 ha.*

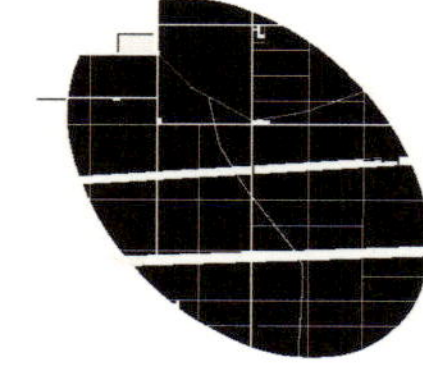

Casco voor landbouw 300 ha. *For agriculture, 300 ha.*

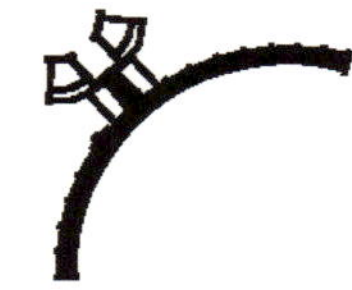

Casco voor de regionale voedselterminal. *For the regional food terminal.*

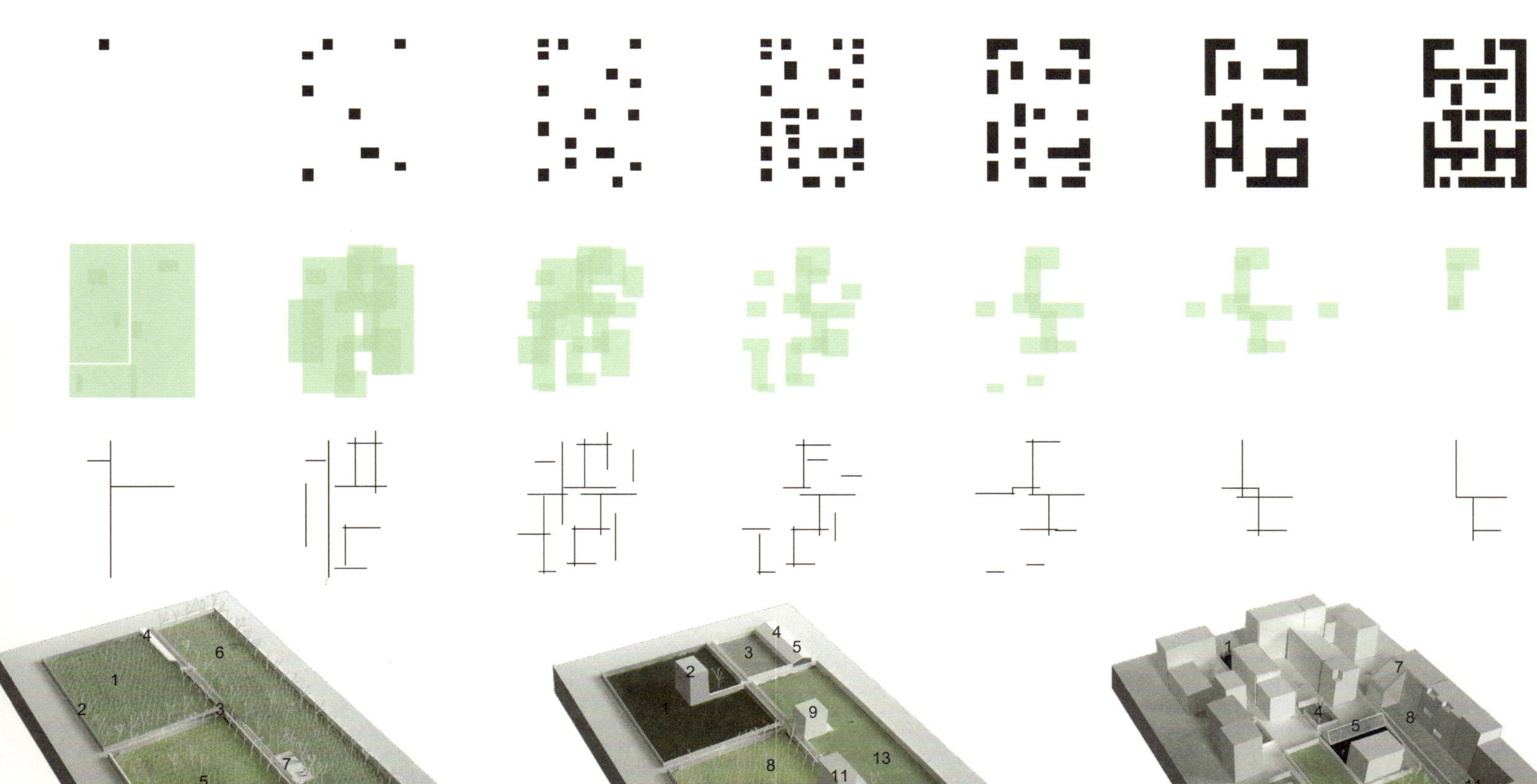

Het poreuze bouwblok. *Porous city block.*

Drie bloktypes maken een continu veranderend stedelijk landschap mogelijk. *Three block types enable a continually changing urban landscape.*

Landbouwblok met boomgaarden. De productie van voedsel wordt zichtbaar gemaakt. Het veld wordt een nieuw icoon voor de stad. *Agriculture block with orchards. Food production for all to see. The field as a new icon for the city*

1 boomgaard *orchard*
2 hoogstamrand *standard tree edge*
3 publieke routes *public routes*
4 opstal *buildings*
5 solitaire bomen (eik, beuk, kastanje) *solitary trees (oak, beech, chestnut)*
6 boomgaard, laagstamveld *orchard, dwarf tree field*
7 terras aan het veld *terrace to field*
8 tuinmuur als erfafscheiding *garden wall as property boundary*

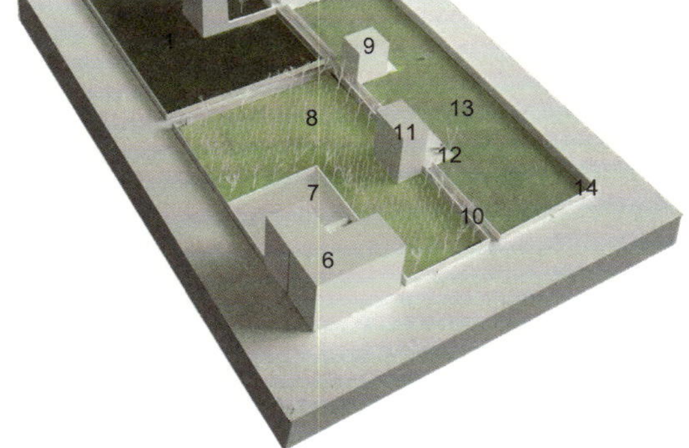

Pionierblok. *Pioneer's block.*

1 veld 1 *field 1*
2 baugruppe B *baugruppe B*
3 moddertuin *mud garden*
4 nachtverblijf varken *pig night shelter*
5 directe verkoop aan omliggende slagers en restaurants *direct sale to local butchers and restaurants*
6 baugruppe A (senioren) *baugruppe A (senior citizens)*
7 parkeren *parking*
8 boomgaard laagstamveld *orchard, dwarf tree field*
9 baugruppe D *baugruppe D*
10 boomgaard hoogstamrand *orchard, standard tree edge*
11 baugruppe C *baugruppe C*
12 terras aan het veld *terrace on field*
13 dagverblijf varkens *pig day shelter*
14 tuinmuur als erfafscheiding *garden wall as property boundary*

Het poreuze bouwblok. *Porous city block.*

1 speelplek *play space*
2 tuin kinderdagverblijf *tuin crèche garden*
3 collectieve tuinen C *communal gardens C*
4 collectieve tuinen A *communal gardens A*
5 kas en wintertuin *glass house and winter garden*
6 collectieve tuinen B *communal gardens B*
7 restaurant, winkel, kas, verkoop van plantage producten *restaurant, shop, glass house, sale of plantation products*
8 kruiden ten behoeve van het restaurant *herbs for the restaurant*
9 boomgaard *orchard*
10 tuinmuur *garden wall*
11 parkeergarage, terras *parking, terrace*

Doorsnede terminal en veld. *Section through terminal and field.*

1 dakterras voor recreatie en evenementen *roof terrace for recreation and public events*
2 laboratorium en onderzoeksruimten TU-Berlin *laboratory and research rooms for TU-Berlin*
3 bestaande energiecentrale *existing power station*
4 biogasleiding *biogas pipeline*
5 de nieuwe langzame stad *the new slow city*
6 boerderij *farm*

Tempelhof Berlin's Public Garden
Jan Martijn Eekhof

Berlin Tempelhof Airport has been shut down. Both airfield and terminal are empty, awaiting a new duty to perform. This is a site with a history. The gigantic terminal was the most ambitious building erected by the Nazi regime. After the war the air corridors between the airport and the West marked the dramatic start of the Cold War. Tempelhof was the food centre of West Berlin.
Now an open expanse the size of Amsterdam's canal ring area with a vast derelict terminal building has become freed for new use in the heart of the city. The area can be reached by U-bahn, S-bahn and motorway. In most Western capital cities, an area this size would have been promptly planned to capacity. Berlin is an exception. It is a slow-moving, relaxed metropolis with little market pressure. There is no lack of space here. Developments have both the time and the room to unfold. As a result, the city can be developed in ways other than with large-scale real estate. This leaves the question of how in this situation an urban plan can draw out the unique qualities of field and building and invest them with new meaning for Berlin.
This requires a plan that functions without a physical programme, a plan that can grow steadily over time to generate new urban tissue. Berlin's Public Garden hitches the city's development to food. Tempelhof is back again as a food centre for the city. The mechanisms of food production, distribution, consumption and processing serve as an engine for generating a sturdy Berlin cityscape on this site. A landscape with many countenances.
A structure of 'porous' city blocks with communal gardens slowly unfurls amid the orchards. They are the link between the received city and the expanse of productive landscape that doubles as a unique park. The food terminal opens up to provide spectacular public spaces with a view of city, field and building. A new layer is added to the rich history of Tempelhof Airport, a layer in which transparent local food production is welded to a continuously changing urban landscape.

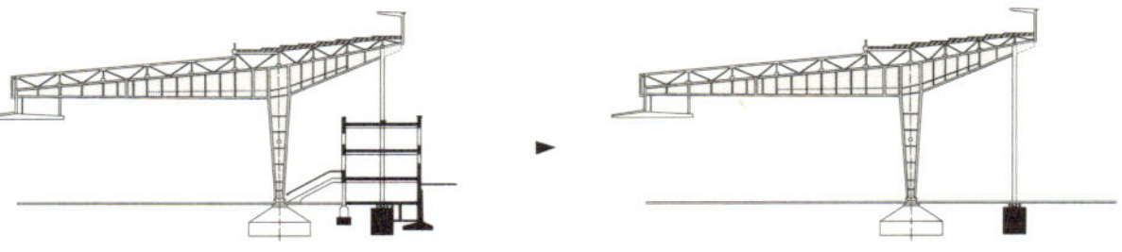

Doorsnede toren H met zwembad. *Section through tower H with swimming pool.*

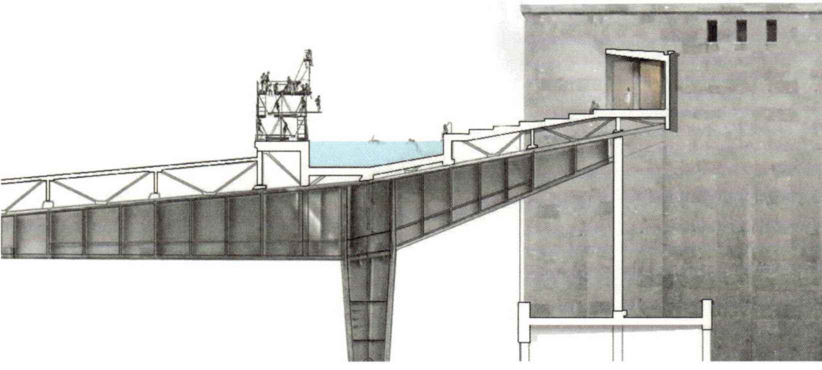

Fragment noordvleugel terminal, kas en laboratorium. *Fragment of north wing of terminal, glass house and laboratory.*

Maquette. *Model.*

Juryrapport

Voor de herbestemming van het voormalige vliegveld Tempelhof in Berlijn presenteert dit stedenbouwkundig ontwerp een uitermate geslaagd concept. Op elk niveau en elk onderdeel is het plan trefzeker. De heldere presentatie geeft goed inzicht in de intenties van de ontwerper. Hij slaagt op overtuigende wijze in zijn bedoeling om de unieke kwaliteiten van de locatie zichtbaar te maken en de plek een nieuwe betekenis te geven voor de stad.
Trefzeker wordt ingespeeld op de specifieke Berlijnse context door de locatie op ontspannen wijze te ontwikkelen tot een uniek nieuw landbouwproductielandschap in combinatie met wonen. Het plan wordt op verschillende niveaus op effectieve wijze georganiseerd. Er is een helder raamwerk ontwikkeld. Door middel van een structuur van 'poreuze bouwblokken' kan de woonfunctie groeien in een parkachtige context. De plankaart blijft schematisch, niet alles wordt vastgelegd. Het concept biedt daardoor voldoende vrijheid voor verschillende toekomstige ontwikkelingen. De bestaande bebouwing van het vliegveld wordt op respectvolle wijze in het plan opgenomen. Door het gigantische terminalgebouw op enkele strategische plekken te doorbreken wordt niet alleen de barrièrewerking in de nieuwe context op doeltreffende wijze bestreden, daarnaast wordt op passende wijze de nationaal socialistische monumentaliteit gerelativeerd en de indrukwekkende constructie zichtbaar gemaakt.
De nieuwe invulling is tenslotte erg goed aangesloten op de bestaande stad. Realisatie van het plan zou een grote inspirerende aanwinst voor de stad betekenen.

Jury report

This urban design to redesignate the former Tempelhof Airport in Berlin presents a concept that succeeds on all fronts. It is right on target at every level and in every component. The lucid presentation gives a good insight into the designer's intentions. He succeeds convincingly in his endeavour to bring out the unique qualities of the site and endow the place with a new significance for Berlin.
He takes precise account of the specific Berlin context by effortlessly developing the site into a unique new agricultural-productive landscape combined with housing. The project is effectively organized at different levels and has a well-defined framework. A structure of 'porous city blocks' enables the dwelling component to grow in a park-like setting. The planning map is indicated in broad lines only, leaving much unspecified. This gives the concept sufficient freedom for any number of future developments. The existing airport buildings are respectfully assimilated into the project. In breaching the gigantic terminal building at a number of strategic places, the project not only deftly eliminates the building's barrier effect in the new context but tempers its national-socialist monumentality in a fitting manner and brings out its impressive construction.
Lastly, the new infill slots into the existing city exceedingly well. If realized, this project would signify a major inspirational asset for the city of Berlin.

Ties Linders

OPLEIDING *PLACE OF EDUCATION*
TU Eindhoven
STUDIERICHTING *SPECIALIZATION*
Architectuur *Architecture*
MENTOREN *TUTORS*
Bernard Colenbrander, Pieter van Wesemael, Christian Rapp
CONTACT *CONTACT*
Mathenesserdijk 306 B II, 3026 GR Rotterdam
tieslinders@gmail.com

Tussen 8 en 10 *Between 8 and 10* Ontwerp voor een stadsvilla aan de Weteringschans. *Design for an urban villa on Weteringschans.*

'Tussen 8 en 10' onderzoekt de mogelijkheden voor een kleinschalig hotel op een historisch rijk geladen plek in Amsterdam aan de Weteringschans tussen Poppodium Paradiso en een villa. *'Between 8 and 10' explores the possibilities of slipping a small hotel into a historically rich site in Amsterdam on Weteringschans between the Paradiso rock venue cum cultural centre and an existing villa.*

TUSSEN 8 EN 10

TIES LINDERS

De hal bij binnenkomst. *The hall on entry.*

Tussen 8 en 10
Ontwerp voor een stadsvilla aan de Weteringschans
Ties Linders

In een vooronderzoek naar de Singelgrachtzone in Amsterdam is met een zorgvuldige analyse van typologie, historie en morfologie de stad in kaart gebracht. Midden in deze zone bevindt zich de Weteringschans met tussen nummer 8 en nummer 10 een leeg kavel. Parallel aan de Weteringschans strekt de Singelgracht zich uit over de lijn van de oude stadswallen, rondom de historische Amsterdamse binnenstad. Met het ontmantelen van deze stadswallen aan het begin van de negentiende eeuw kwam een brede strook grond vrij in de stad. Met de bouw van enkele bijzondere gebouwen, waaronder het Rijksmuseum, is invulling gegeven aan deze strook. Later werd aangrenzend het Museumkwartier als luxe uitbreidingswijk gerealiseerd. Tussen Singelgracht en Weteringschans verrees aan het einde van de negentiende eeuw een reeks van zes villa's. Twee daarvan werden in de jaren zeventig vervangen door kantoren van dezelfde proporties. Het was een nieuwbouwproject dat veel los maakte bij de Amsterdammers. Al snel kregen de kantoren de bijnamen Peper en Zout en samen luidden zij het begin van de 'nieuwe lelijkheid' in. Architect Frans van Gool kreeg het zwaar te verduren. Rond 1979 was het project, dat toen in aanbouw was, een geliefd onderwerp voor columnisten in weekbladen en kranten. Vooral Gerrit Komrij wist de boel op de spits te drijven en verzamelde een groep van twaalfhonderd mensen in Paradiso om te protesteren tegen het project.
De opgave waar Van Gool voor stond is een klassieke opgave in de architectuur. Al tijden breken architecten zich het hoofd over hoe zich te verhouden tot de bestaande stad. Deze vraag staat ook centraal in deze afstudeeropgave: hoe te bouwen in de moderne historische stad? Met het ontwerpen van een kleinschalig hotel op de lege kavel tussen Weteringschans nummer 8 en nummer 10 wordt een vergelijkbare opgave als die van Frans van Gool aangegaan. Het is een nieuwe stap in de reeks met de vier villa's uit de negentiende eeuw en de kantoren Peper en Zout uit de jaren tachtig.
De nieuwe villa huisvest een hotel met een klein aantal luxe kamers. Op dit kostbare stuk grond kan een hotel tegemoetkomen aan het publieke karakter van het Leidsch kwartier en ook recht doen aan de villatypologie van de Weteringschans.

Met een driesporig onderzoek is aan de afstudeeropgave gewerkt. Parallel aan het ontwerp van het hotel zijn de Amsterdamse villatypologie, wonen in de negentiende eeuw en de ontwikkeling van het raam nader bekeken. Het uiteindelijke onderzoek laat zich lezen als een bloemlezing van deze onderwerpen. Bij het bestuderen van de documentatie van negentiende-eeuwse villa's viel op dat de tekeningen vaak alleen bestaan uit een opstand en een plattegrond van de bel-etage. De plattegronden kenmerken zich door een ordening van de verschillende onderdelen van het wonen als aparte kamers en suite. Deze strategie is ook terug te vinden in het ontwerp voor het hotel. Vestibule, hal, salon en hotelkamer zijn hier zonder gang met elkaar verbonden. In de doorsnede wordt de negentiende-eeuwse villa gekenmerkt door een eenvoudige stapeling van verdiepingen, met de trap als enig verticaal element. In het ontwerp echter speelt de trap een meer bepalende rol. Met het ontbreken van gangen biedt elk bordes toegang tot de hotelkamers waardoor een split-level doorsnede ontstaat. Deze doorsnede is aan de buitenzijde zichtbaar terwijl het silhouet van de kamers op de kavel is terug te zien in de grillige contour. Het interieur van het hotel presenteert zich in een onregelmatige ordening van ramen aan de buitengevel. Hierdoor is indirect zichtbaar wat er zich binnen afspeelt. Anders dan bij de kantoorvilla's van Frans van Gool, richten de gevels van het hotel zich haaks op de straat. In plaats van een grid van ramen is de gevel meer een 'gezicht' dat zich naar de stad wendt.
Het typische wonen van de gezeten burgers in de negentiende eeuw vond niet alleen zijn weerslag in de plattegrond, gevel en doorsnede. Het interieur kreeg vaak zijn karakter door de bekleding. Behang, lambrisering, vele gordijnen en dikke tapijten zorgden voor de typische sfeer van burgerlijk wonen. Het interieur van het hotel is analoog hieraan ontworpen als een tijdelijk huis voor de hotelgasten. Nobele en duurzame materialen zoals hout, natuursteen en brons creëren een rustige, huiselijke sfeer. Naarmate de gast zich meer terugtrekt in de intimiteit van de eigen hotelkamer, wordt dit weerspiegeld in een overgang van steen naar hout. Plattegrond, doorsnede, gevel, raam en interieur zijn de bouwstenen uit het onderzoek die hun weerslag vinden in dit ontwerp. Daarmee is de stadsvilla tussen Weteringschans 8 en 10 een passend sluitstuk.

Klassieke kamers ordenen de bel-etage.
Traditional rooms order the bel-étage.

1 vestibule *vestibule*
2 hal *hall*
3 salon *drawing room*
4 keuken *kitchen*
5 receptie *reception*
6 toiletten en naar Souterrain *toilets and way to basement*

Restaurant, vanaf de mezzanine is het onbijten met uitzicht over het Museumkwartier. *Restaurant, with breakfast on the mezzanine overlooking the museum quarter.*

De royale salon biedt ruimte voor een huiselijk verblijf aan het water of de haard. *The capacious drawing room is the place in the home to spend time along the water or in front of the hearth.*

Between 8 and 10 Design for an urban villa on Weteringschans

Ties Linders

A preliminary study of the Singelgracht zone in Amsterdam mapped this part of the city with an in-depth analysis of its typology, history and morphology. At the centre of this zone is Weteringschans, a street with an empty lot between numbers 8 and 10. Parallel to Weteringschans, the waters of Singelgracht trace the former town ramparts around the old centre of Amsterdam. When these ramparts were torn down at the beginning of the 19th century it freed a broad strip of land in the town. Several dedicated buildings including the Rijksmuseum gave substance to this strip. Later, a swish residential area, the 'museum quarter', took its place alongside these.

At the end of the 19th century a string of six villas made their appearance between Singelgracht and Weteringschans. Two of these were replaced in the 1970s with offices of similar proportions. It was this new-build project that set the cat among the pigeons. Before long, the pair of office blocks had been dubbed Pepper and Salt and together they marked the onset of what was felt to be a new wave of ugliness in architecture. Architect Frans van Gool had a tough time of it. In the period around 1979 when it was under construction, the project was a favourite target of columnists in newspapers and magazines. Dutch writer Gerrit Komrij managed to crank things up a few notches and assembled a crowd 1200 strong in Paradiso to protest against the project.

The challenge facing Van Gool is a classic task in architecture. Architects have long been racking their brains over how to relate to the city as it stands. This issue is key to the present project, namely how to build in today's historic city. In projecting a small hotel on the empty plot between Weteringschans numbers 8 and 10, it addresses a task comparable to the one facing Van Gool. It is a latterday addition to the sequence of four 19th-century villas and the 'pepper and salt' offices of the 1980s.

The new villa houses a hotel with a handful of luxury rooms. Here on this precious patch of urban land a hotel can measure up to the public nature of Museumkwartier as well as accord with the villa typology of Weteringschans.

A three-pronged study underpins the final-year project. In parallel with the design for a hotel, it further examines the Amsterdam villa

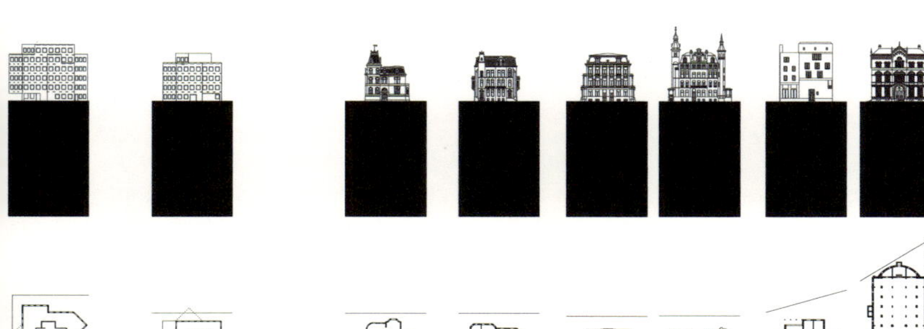

Achtereenvolgens, van links naar rechts *Successively, from left to right*: Weteringschans 26 en 28, ook bekend als Peper en Zout *known as 'the pepper and salt set'*, Frans van Gool, 1979; Weteringschans 24, P.F. Laarman; Weteringschans 20-22, J. Daverman, 1882; Weteringschans 16-18, N. Vos, 1882; Weteringschans 10-14, J. Daverman, 1882; Project 'Tussen 8 en 10' *'Between 8 and 10' (project)*, 2010; Weteringschans 6-8, G.B. Salm, 1879

Noordgevel, met een grillige ordening van ramen richting de straat. *North facade with fanciful arrangement of windows facing the street.*

Juryrapport

Het ontwerp voor de stadsvilla is op zeer zorgvuldige wijze tot stand gekomen. Het plan past niet alleen naadloos in de ruimtelijke en historische context, het voldoet daarnaast ook aan alle reële randvoorwaarden zoals het bestemmingsplan en de welstandsnota. Alles is geanalyseerd en alle ontwerpingrepen zijn gemotiveerd. Uit de presentatie blijkt overduidelijk de hand van een vakkundig en getalenteerd ontwerper. De esthetische precisie blijft niet beperkt tot het exterieur, ook het interieur ademt een bij de opgave passende sfeer. Het doel van de ontwerper is om de reeks villa's aan de Weteringschans van een passend sluitstuk te voorzien. Daarin slaagt hij op professionele wijze. Het is een prachtig sluitstuk, maar tegelijkertijd ook braaf. Het was interessant geweest om de academische vrijheid die een afstudeerplan biedt te benutten en stelling te nemen ten opzichte van de opgave door een grensoverschrijdend ontwerp te ontwikkelen.

Jury report

This design for an urban villa has been crafted with great care. The project not only fits seamlessly in its spatial and historical context, it also satisfies all existing planning constraints as laid down in the local zoning plan and the urban aesthetics policy document (welstandsnota). Everything has been analysed and all design interventions are justified. The hand of a skilful and talented designer shines through clearly in the presentation. Not only is the exterior informed by an aesthetic precision, the interior radiates an ambience that fits well with the brief. The designer's intention is to round off the row of villas on Weteringschans in appropriate fashion. This he does professionally and successfully. It is a first-rate final phase but tries too hard to please. It would have been more interesting if the designer had made use of the academic freedom of a graduation project and tackled the brief more critically with an envelope-pushing design.

typology, dwelling in the 19th century and the evolution of the window. The study in its final form reads as an anthology of these subjects. On studying the documentation of 19th-century villas it emerged that the drawings often consisted of nothing more than an elevation and a floor plan of the bel-étage. These floor plans are informed by an arrangement of the different dwelling components into separate rooms en suite. This strategy returns in the hotel design. Here vestibule, hall, drawing room and hotel room are stitched together directly, without a corridor. In section the 19th-century villa is marked by a basic stacking of storeys with the stair as lone vertical element. In the design, however, the stair fulfils a more seminal role. As there are no corridors, each landing accesses the hotel rooms creating a split-level section. This section is expressed in the exterior and the silhouette of the rooms on the plot can be read off in the fanciful shape. Inside, the hotel presents itself in an irregular arrangement of windows in the frontage, rendering indirectly visible what goes on inside. Unlike Frans van Gool's office blocks, the hotel facades are set square to the street. Instead of being a grid of windows, the frontage is more of a face turned to the city. The typical home life of prosperous citizens in the 19th century was not just reflected in terms of plan, elevation and section. Often the upholstery was defining for the interior. Wallpaper, wainscoting, lots of curtains and thick carpets exuded the distinctive atmosphere of the well-to-do home. In analogy to this, the hotel's interior is designed as a temporary home for the guests. Fine and enduring materials such as wood, stone and bronze create a tranquil, domestic ambience. A transition from stone to wood reflects the gradual withdrawal of guests into the intimacy of their own hotel room. Plan, section, facade, window and interior are the building blocks from the study that resonate in this design. All told, the urban villa between Weteringschans 8 and 10 is an appropriate final phase.

Een van de hotelkamers. *A hotel room.*

Een werkend landschap voor New Orleans
A Working Landscape for New Orleans

Ontwerp voor een nieuwe stedelijk-landschappelijke infrastructuur die de bewoners van New Orleans een inspirerende leefomgeving biedt en de bestaande hydrologische en ecologische problemen mitigeert. *Design for a new urban-landscape infrastructure that provides the inhabitants of New Orleans with an inspirational living environment and alleviates the hydrological and ecological problems afflicting that city.*

Peter Hermens, Chris van der Zwet, Jaap van der Salm

OPLEIDING *PLACE OF EDUCATION*
Wageningen Universiteit
STUDIERICHTING *SPECIALIZATION*
Landschapsarchitectuur *Landscape Architecture*
MENTOREN *TUTORS*
Jusuck Koh, Ingrid Duchhart, Rudi van Etteger, Maike van Stiphout
CONTACT *CONTACT*
Peter Hermens; Brink 59 F, 7411 BV Deventer
hermens.peter@gmail.com
Chris van der Zwet; Vooruitgangstraat 161, 2032 RK Haarlem
chrisvdzwet@gmail.com
Jaap van der Salm; Middenweg 71 a, 1098 AE Amsterdam
jaapvandersalm@gmail.com

NEW ORLEANS

PETER HERMENS + CHRIS VAN DER ZWET + JAAP VAN DER SALM

Een werkend landschap voor New Orleans
Peter Hermens, Chris van der Zwet, Jaap van der Salm

In 2005 werd New Orleans getroffen door orkaan Katrina. De stad stond grotendeels onder water en bijna alle inwoners werden gedwongen te evacueren. Nu, ruim vijf jaar later, zijn de grote civiele werken die de stad moeten beschermen tegen nieuwe overstromingen gerealiseerd. De tijd is rijp om na te denken over een integrale visie voor de zwaar getroffen, laaggelegen wijken áchter de dijken. Drie grote problemen in de ooit prima functionerende suburbs Gentilly en Lakeview zijn exemplarisch voor alle laaggelegen delen van de stad.

1) New Orleans vertrouwt vrijwel volledig op directe afvoer van hemelwater, waterberging speelt in het technocratische watersysteem nauwelijks een rol. Het vrijwel geheel ondergrondse drainagestelsel is verouderd en kan de subtropische neerslag niet adequaat verwerken. Meerdere keren per jaar staan de straten blank, met extremen van ruim 60cm water, eens per tien jaar. Verborgen in tunnels en achter keermuren is het water in deze delta stad niet zichtbaar noch te ervaren. Daarnaast leidt diepe ontwatering tot een flinke bodemdaling.

2) Als gevolg van de harde wind en het stilstaande overstromingswater van Katrina is zeventig procent van de bomen in de stad verloren gegaan. Het resultaat is een gebrek aan schaduw tijdens de hete zomers en een kaal en desolaat ogend suburbaan landschap.

3) In het studiegebied is gemiddeld dertig procent van de inwoners nooit teruggekeerd na de langdurige evacuatie. De hieruit voortkomende leegstand heeft een negatief effect op zowel het beeld als de draagkracht van de wijken. Het zwaar aangetaste stedelijk weefsel heelt niet vanzelf en vraagt om herstructurering. Tegelijkertijd biedt de enorme leegstand ook kansen voor het oplossen van de regenwaterproblematiek en voor het verbeteren van de ruimtelijke kwaliteit van Gentilly en Lakeview.

Met het in dit plan voorgestelde transformatieproces ontstaat een stedelijk landschap dat vóór de mensen werkt door ze een gezonde en aangename leefomgeving te bieden waarin ecologische processen zijn geïntegreerd. Daarnaast werkt dit stedelijke landschap ook óp de mensen door te inspireren, te onthullen en het prikkelen van de verbeelding. Op basis van topografie, bodemdaling, mate van overstroming en het oorspronkelijke landschap worden vier landschapszones onderscheiden. Zij bieden functionele en esthetische houvast voor interventies

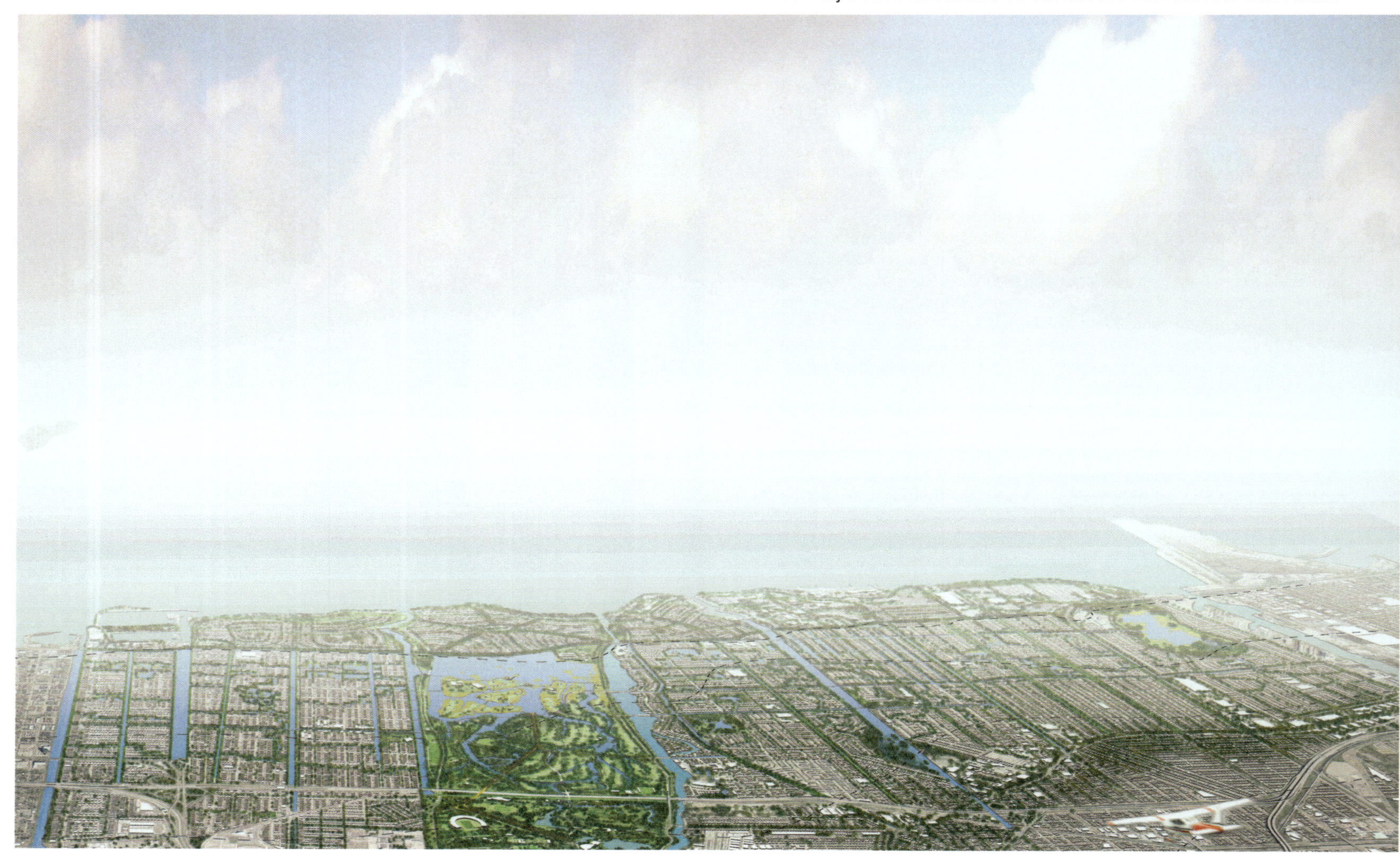

op alle schaalniveaus die de drie bovenstaande problemen moeten mitigeren. Een nieuw watersysteem, waarin water de ruimte krijgt en als kwaliteit in de wijk gebracht wordt, vormt samen met een robuust netwerk van inheemse vegetatie, het landschappelijke raamwerk. De nieuwe landschappelijke identiteit krijgt ook vorm in een ontwerp voor het 530 hectare grote New Orleans City Park. Het wordt getransformeerd tot een 'watermachine' met waterbergende functie voor de omliggende wijken. Naast het park als groot landschappelijk ankerpunt, laten drie ontwerpstudies op lager schaalniveau zien hoe het werkende landschap zich manifesteert in het stedelijk gebied. Door het strategisch mobiliseren van de leegtes (voids) binnen de typische grid-structuur van de buitenwijken kan een aantrekkelijke waterwijk ontstaan waarin de grootste kanalen worden omgevormd tot lineaire parken. Tijdelijke functies (zoals boomkwekerijen als voedingsbodem voor de aan te helen groenstructuur) kunnen verlaten kavels van een functie voorzien totdat ook daar waterbergende verbindingen kunnen worden gerealiseerd. Om tegemoet te komen aan de lokale emoties is in de vormgeving telkens gezocht naar de balans tussen een veilige uitstraling (duidelijke randen, zichtbare controle) en het dichtbij brengen en ervaarbaar maken van water en vegetatie, passend bij de landschapszone. Met een Amerikaans optimisme geloven wij dat een nieuwe en eigentijdse benadering van de landschappelijke infrastructuur zal bijdragen aan het herstel van de laaggelegen wijken. De onbenutte lege ruimte in de stad wordt niet langer slechts als probleem gezien, maar vormt de sleutel tot hernieuwd contact met het landschap. Met de kennismaking tussen stad, inwoners en landschap ontstaat zo een aantrekkelijk woonklimaat dat de motor vormt voor het revitaliseren van Gentilly en Lakeview tot de 21e eeuwse suburbs die deze unieke stad verdient. Gedurende drie maanden hebben wij gewoond en gewerkt in New Orleans. Ons werk heeft een link met de zogenaamde Dutch Dialogues, een initiatief dat een grote groep Nederlandse en Amerikaanse professionals samenbrengt om te werken aan voorstellen op het gebied van planning, ontwerp en watermanagement.

Huidige situatie: verhoogde afvoerkanalen. Het water is verstopt achter keermuren en in ondergrondse van afvoer afhankelijke drainage *Current situation: raised outfall canals. water hidden behind floodwalls and in subsurface, discharge dependent drainage system.*

Voorstel: het verlagen van de afvoerkanalen maakt het mogelijk om een onderling verbonden netwerk van waterwegen te creëren; beide parken worden verbonden. *Proposal: lowering the outfall canals makes possible the introduction of an interconnected network of waterways, linking both parks...*

...en lege kavels worden gemobiliseerd om het landschappelijke raamwerk verder te ontwikkelen en de bergingscapaciteit te verhogen. *...and utilizing vacant lots to further develop the landscape framework and water storage capacity.*

De tijdelijke boomkwekerij wordt omgevormd tot waterweg: enkele bomen blijven. *Temporal tree nursery becomes blueway: some trees are permanent.*

Noordelijke landschapszone in City Park. *Northern landscape zone in City Park.*

A Working Landscape for New Orleans
Peter Hermens, Chris van der Zwet, Jaap van der Salm

In 2005 New Orleans was hit by Hurricane Katrina, flooding most of the city and forcing almost all its inhabitants to evacuate. Now, a good five years later, the large civil engineering works that are to protect the city against future flooding are in place. It is now time to think about an integrated perspective on the severely damaged low-lying suburbs beyond the flood walls.

Three major issues in Gentilly and Lakeview, once fully functioning suburbs, are exemplary for all low-lying parts of the city.

1) New Orleans depends almost wholly on the direct discharge of rainwater, with water storage scarcely figuring in the technocratic water system. The current drainage system which is almost completely underground has become outdated and is unable to effectively deal with the subtropical rainfall. Streets are flooded several times yearly with extreme levels of over 60 cm of water once every ten years. Hidden away in tunnels and behind retaining walls, the water in this delta is neither visible nor experienceable. More importantly, a deep drainage regime results in heavy subsidence.

2) The hurricane-force winds and the stagnating floodwater in Katrina's wake have together destroyed 70 per cent of all the city's trees. The upshot is a lack of shade during the hot summers and a barren and seemingly deserted suburban landscape.

3) In the area featured in this project, an average of 30 per cent of all residents have failed to return after the protracted period of evacuation. The many unoccupied properties this has left have a negative impact on both the image and the resources of the two neighbourhoods. The severely damaged urban tissue will not heal of its own accord and requires restructuring. At the same time, the sheer numbers of derelict buildings hold out opportunities to resolve the rainwater issue and improve the spatial quality of Gentilly and Lakeview.

The transformation process proposed in this project will give rise to an urban landscape that works for rather than against the people there by giving them a healthy and attractive living environment with ecological processes integrated in it. Not just that, this urban landscape impacts on them in an inspirational and revelational capacity and by stimulating the imagination.

Topography, rate of subsidence, rainwater flooding and the original landscape define the boundaries between four landscape zones. These provide a functional and aesthetic footing for interventions at all levels of planning that are to mitigate the three problems described above. A new water system in which water is given all the space it needs and is foregrounded in the neighbourhood as a quality, combines with a robust network of native vegetation to present a landscape framework. The new landscape identity is given shape in a design for a 530-hectare New Orleans City Park. It is transformed into a 'water-machine' with water storage serving the surrounding neighbourhoods. Besides having the park act as a key landscape mainstay, three design studies at the micro planning scale show how the working landscape registers in the urban area. By strategically mobilizing the voids within the typical grid structure of the suburbs, an attractive water-rich area can emerge where the largest canals are turned into linear parks. Temporary functions (such as tree nurseries as incubators for the yet-to-be-healed green structure) can give empty lots a duty to perform until water-storing connections can be introduced there. The design respects local feelings by seeking a balance between an ambience of security (clear-cut boundaries, visible surveillance) and having the water and vegetation appropriate to the landscape zone right up close and experienceable. We believe with an American optimism that a new and up-to-date approach to the landscape infrastructure will contribute to restoring the low-lying suburbs. The unexploited open space in the city is no longer regarded merely as a problem but is the key to renewed contact with the landscape. With city, inhabitants and landscape in close contact, the attractive residential climate that ensues will act as the driving force behind revitalizing Gentilly and Lakeview as the 21st-century suburbs this unique city deserves. We spent three months living and working in New Orleans. Our work is related to the so-called Dutch Dialogues, a series of workshops bringing together a great many Dutch and American professionals to work on proposals in the provinces of planning, design and water management.

Huidige situatie: de randen van het London Avenue afvoerkanaal worden gevormd door keermuren en lege kavels.

Current situation: floodwalls and empty lots line the raised London Avenue outfall canal.

Het London Avenue kanaal wordt omgevormd tot een lineair park en een waardevolle open ruimte in de wijk.

London Avenue canal becomes a linear park and valuable open space.

Huidige situatie: lege kavels.

Current situation: empty plots.

Tijdelijke functie: met boomkwekerijen wordt ruimte gereserveerd.

Temporal function: tree nursery - reserve space.

Juryrapport

Met de integrale visie en transformatiestrategie voor een nieuwe landschappelijke infrastructuur voor New Orleans wordt een aantal hydrologische en landschappelijke problemen van de stad doeltreffend aangepakt. Na de verwoesting die de orkaan Katrina aanrichtte werd de bescherming van de stad tegen overstromingen vanuit de oceaan verbeterd. In het achterland bleef een groot aantal problemen liggen. Voortbordurend op eerder uitgevoerd onderzoek wordt op uiterst vakkundige wijze een strategie ontwikkeld om de stedenbouwkundige en landschappelijke infrastructuur van door de orkaan getroffen gebieden te verbeteren. In het uitgebreide en helder opgezette rapport analyseren de ontwerpers op inzichtelijke wijze de complexe problematiek en weten ze ondanks de enorme schaal van het plangebied en de grote hoeveelheid aan relevante aspecten heldere hoofdlijnen aan te brengen die de dragers moeten worden van een nieuwe ruimtelijke structuur.
De voorgestelde maatregelen worden goed gemotiveerd vanuit het landschap. De jury heeft veel waardering voor de vakkundige aanpak. Bij het ontwerp stellen de ontwerpers zich het doel om een inspirerende leefomgeving te realiseren. Dat streven is relevant omdat veel oorspronkelijke bewoners niet terugkeerden en mensen verleid moeten worden om er te gaan wonen. De strategie om het gebied met veel groen minder desolaat te maken en aantrekkelijke woonmilieus te creëren is begrijpelijk, maar er is zeker meer voor nodig om mensen na een dergelijke catastrofe weer naar het gebied te trekken. Het conventionele ruimtelijk ontwerp is niet overtuigend genoeg om die ambitie waar te maken. Wel vormt het een goede basis voor een inspirerende ruimtelijke uitwerking.

Jury report

This integrated perspective and transformation strategy for a new landscape infrastructure for New Orleans tackles a number of hydrological and landscape issues affecting that city. After the devastation brought about by Hurricane Katrina, the means of protecting the city from flooding have been improved. This did leave the outlying areas with a slew of problems. Elaborating on research done earlier, the designers have skilfully developed a strategy to improve the urban-landscape infrastructure of the area affected by the hurricane. In the exhaustive and clearly formulated report they give a lucid analysis of the complex set of problems and despite the enormous scale of the planning area and the great many relevant aspects manage to introduce clear-cut arguments that are to carry the new spatial structure. The proposed measures are amply justified in landscape terms. The jury has nothing but praise for the professional approach. In the design report the entrants describe their intention as being to realize an inspirational living environment. This is a relevant goal since many former residents have failed to return and people need to be enticed to live there. The strategy of adding lots of green space to make the area less desolate and create attractive living environments is understandable but much more than that is needed to draw people back after a disaster of such magnitude. The conventional spatial design is not convincing enough for that ambition to succeed. That said, it does present a firm and inspirational basis for developing the design spatially.

Ontwerp voor een kleinschalige woonzorginstelling in het dorp Stedum op het Groningse platteland.
Design for a small-scale elderly housing project in Stedum, a village in Groningen province.

Dorpse levendigheid brengt de bewoners een gevoel van ritme en sociale betrokkenheid.
Vibrancy in the village gives residents a sense of the daily round and a feeling of social involvement.

WONEN MET ZORG

NELLEKE KARST

Nelleke Karst

OPLEIDING *PLACE OF EDUCATION*
AvBGroningen
STUDIERICHTING *SPECIALIZATION*
Architectuur *Architecture*
MENTOREN *TUTORS*
Jaco Woltjer, Clemens Bernardt
CONTACT *CONTACT*
Friesestraatweg 404,
9718 NW Groningen
nellekekarst@hotmail.com

Een impressie van het hof: passeren of verblijven.
An impression of the courtyard: passing by or lingering.

Wonen met Zorg
Nelleke Karst

Ik geloof niet dat architectuur de maatschappij kan veranderen, maar ik geloof wel dat architectuur een bijdrage kan leveren door aanleidingen te creëren en situaties uit te lokken.

De overgang van een private woning naar een collectieve zorginstelling is groot. Te groot. Harm Tilman merkte in 2006 op 'waar zorg toeneemt, neemt het wonen af'. De overgang is waarschijnlijk het grootst op het platteland, waar ouderen vaak moeten verhuizen naar een instelling ver van het dorp. De huidige norm voor 'kleinschalige' woonvormen met 24 tot 48 woningen, is daarnaast ook vaak niet (goed) in te passen in een dorpse structuur. Mijn opdracht was het ontwerpen van een kleinschalige woonzorginstelling op het platteland, waarin de overgang van privé naar openbaar centraal staat. Daarbij was mijn doel de overgang van de private woning naar een collectieve instelling te verkleinen.
De bewoners van zorginstellingen zijn niet erg mobiel. Dorpse levendigheid dichtbij houdt bewoners betrokken bij het dagelijks leven en het ritme van de dag. Kenmerkend voor het dorp Stedum, de locatie voor deze studie, is de dynamiek. Door de restanten van de vroegere verzuiling, zijn op gezette tijden veel kinderen onderweg van en naar de diverse basisscholen, clubs en sportverenigingen. Om binnen de instelling een dorpse levendigheid te bewerkstellingen, is een van de bestaande fiets- en wandelroutes in het plan geïntegreerd. Dit gebeurt ook door de collectieve functies uit het programma van de ouderenhuisvesting te koppelen aan een klein dorpshuisprogramma. Daarmee ontstaat een volwaardig dorpshuis dat zowel de bewoners als de andere dorpelingen bedient. Collectieve functies kunnen de bewoners stimuleren om een wandeling te maken.
Het ontwerp volgt op diverse schaalniveaus het principe van stepping stones. Op stedenbouwkundig niveau herstelt het plan de historische relatie tussen het dorpshart op de terp en het open landschap. Op het niveau van de kavel worden de dorpelingen en bewoners gestimuleerd om hun huis uit te komen en zich op het terrein te begeven, door diverse collectieve gebieden aan te bieden, variërend van actief tot rustig.
Het plan bestaat uit twaalf woningen, enkele collectieve ruimten en

een dorpshuis. De compositie van het ensemble, de vormentaal, constructie, materialisatie en routes vinden hun oorsprong in de opbouw van het bestaande dorp, maar zijn uitgewerkt tot unieke en eigentijdse oplossingen. Ook is veel aandacht besteed aan de typologie van de individuele woning. Woningen van diverse grootte zijn opgenomen in een complex van losstaande gebouwen. Er is een trapsgewijze overgang van de openbare ruimte naar het private deel van de woning. Anderzijds is er een directe relatie met een privé buitenruimte en heeft elke woning zijn eigen voor- en achterdeur. De woning kent een flexibele ruimtelijke indeling en een zonering gebaseerd op het verlenen van zorg. In het ontwerpproces zijn veel keuzes gemaakt door op het perspectief vanaf ooghoogte te ontwerpen. Wat zie je wanneer je loopt, staat, zit of ligt?

Situatie: Ensemble van 12 woningen, enkele collectieve gebieden en een dorpshuis in het bestaande dorp Stedum. *Site plan: Ensemble of 12 dwellings, some communal areas and a village hall in the existing village of Stedum.*

Wonen met Zorg
Nelleke Karst

I don't believe that architecture can change society but I do believe that architecture can contribute much by opening up avenues and provoking situations.

It is a big step from a private dwelling to a communal old age home. Too big, in fact. Harm Tilman noted in 2006 that 'where health and social care increases, the dwelling component recedes'. The transition is probably the greatest in rural areas, where elderly people often have to move to a care home far from their village. Not just that, the current standard for 'small-scale' forms of dwelling with between 24 to 48 units is often difficult to fit into a village structure, if not impossible. My self-imposed brief was to design a small-scale elderly housing project in the countryside where the transition from private to public is uppermost. My intention was to soften this transition from private dwelling to communal institution.
The residents of health and social care homes are not particularly mobile. Village life close by keep these residents involved in daily life and the rhythm of the day. A feature of the village of Stedum, where this study is set, is its dynamics. With its remnants of 'pillarization' or politico-religious division, it has fixed times when children travel to and from the various primary schools, clubs and sports associations.

Het dorpshuis presenteert zich met zijn kopse zijde aan het hof. *The village hall faces the courtyard.*

To infuse the care home with this village vibrancy, one of the existing cycle and pedestrian routes has been worked into the scheme. This is helped along by hitching the communal functions from the old age accommodation programme to a modest one for a village hall. This gives a bona fide village hall that serves residents and villagers alike. The communal functions can encourage the residents to make their way there.
The design adopts the stepping stone principle at various planning levels. At the urban level the scheme restores the age-old relationship between the village core atop the artificial hill or 'terp' and the open landscape. At plot level, villagers and residents are incited to leave their homes and make their way here by providing communal areas that vary from active to restful.
The scheme consists of 12 dwellings, some communal spaces and a village hall. The composition of the ensemble, its formal idiom, construction, material form and routes all derive from the composition of the existing village, but are worked up into unique solutions relevant to our time. Much thought has also been given to the types of individual dwellings. Variously sized dwellings are housed in an ensemble of discrete buildings. There is a stepped transition from public space to the more private zone of each dwelling. By contrast there is a direct relationship with a private outdoor space and each dwelling has its own front and back door. Dwellings have a flexible spatial subdivision and a zoning based on the provision of health and social care. Many decisions were made during the design process by designing from an eye-level perspective. What do you see when you walk, stand, sit or lie down?

Langs het hof; snelle en langzame routes. *Along the courtyard; fast and slow routes.*

Uitgangspunten. *Departure-points .*

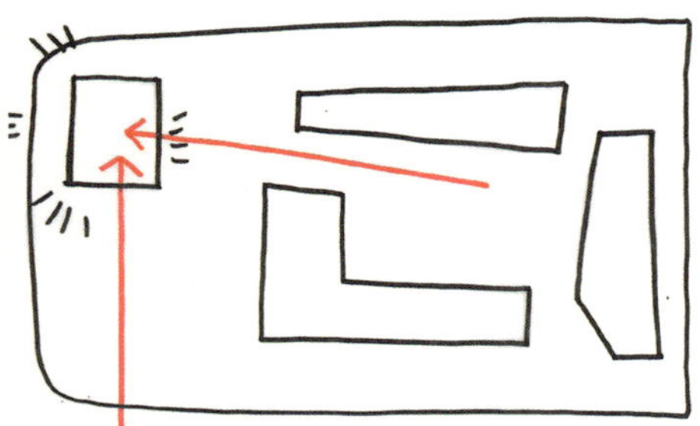

Dorpshuis voor dorpelingen en bewoners. *Village hall for villagers and residents.*

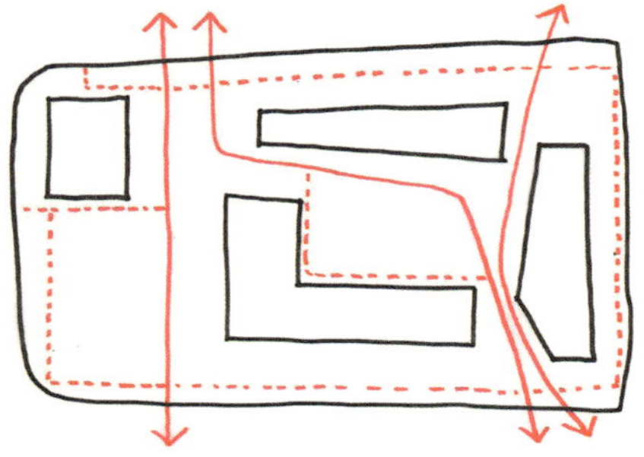

Routes over de kavel. *Routes across the plot.*

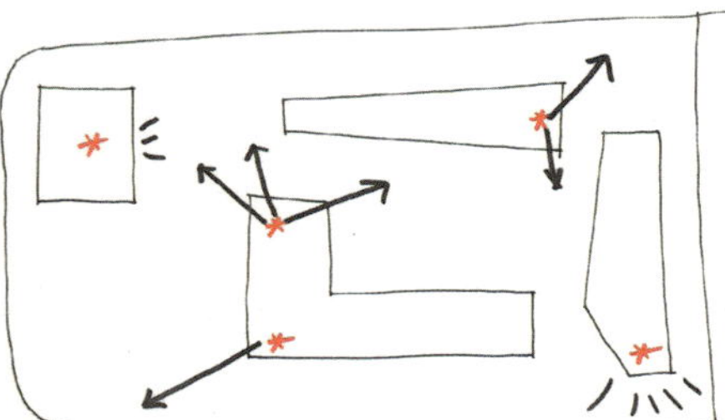

Divers georiënteerde collectieve gebieden. *Variously oriented communal areas.*

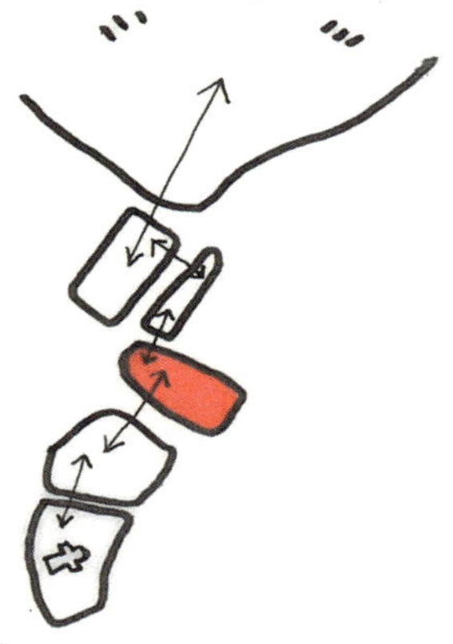

Steppingstones op stedenbouwkundig niveau. *Stepping stones at an urban planning level.*

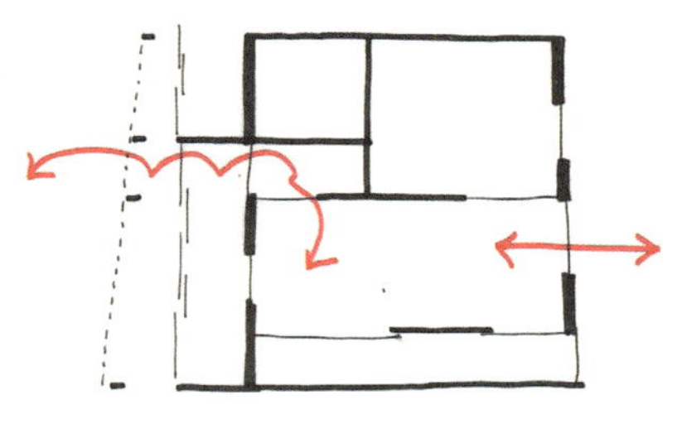

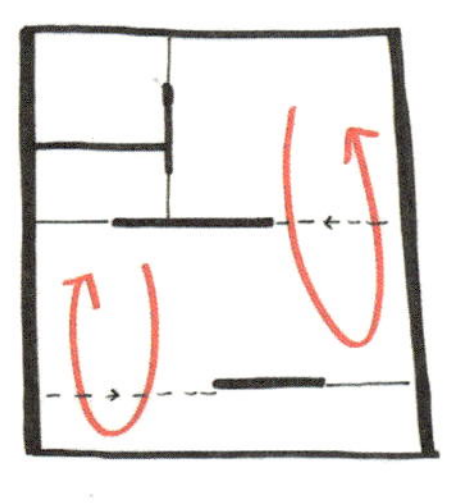

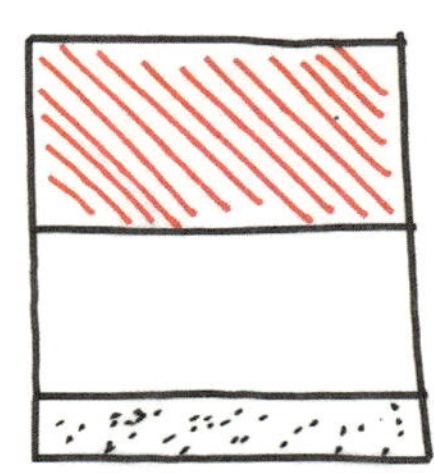

Woning typologie. *Dwelling type.*

Juryrapport

Op conciëntieuze wijze werkt de ontwerpster de interessante opgave voor een zorgcomplex voor ouderen in Stedum uit. Het is de bedoeling om een dorpse woonvorm te ontwerpen waarbij de bewoners opgenomen zijn in de dorpsgemeenschap. De sympathieke hoofdopzet sluit goed aan bij dat streven. Met eenvoudige middelen krijgt de aansluiting van het complex op de dorpsgemeenschap gestalte. Zo loopt er een doorgaande route door het plan. De doorwerking van de ontwikkelde stedenbouwkundige opzet is weinig consistent. Vooral de gemeenschappelijke ruimte in het centrale deel van het plan is te weinig ontworpen om de gewenste integratie met het dorp op een kwalitatief hoogwaardige wijze te realiseren. Ook het streven om het complex een eigen architectonische uitdrukking te geven krijgt geen gestalte in het plan.

Jury report

Here the designer has painstakingly given architectural form to the compelling brief for an old age home in the village of Stedum. Her intention is to design a village-like dwelling form that is to assimilate the residents in the local community. The sympathetic parti accords well with that intention. The link-up between old age home and village community is effected with simple means. One of these is an uninterrupted route through the scheme. Unfortunately the developed planning structure has been less than consistently carried though in the design. Particularly the communal areas in the central part of the scheme have not been sufficiently fleshed out to attain a high-grade integration with the village as desired. The intention of giving the complex its own architectural expression likewise fails to materialize in the design.

JURY RAPPORT (ALGEMEEN) – JURY REPORT (GENERAL)

Juryrapport Archiprix 2011

Inzendvoorwaarden

De Nederlandse masteropleidingen met de afstudeerrichtingen architectuur, stedenbouw en landschapsarchitectuur selecteren jaarlijks hun beste afstudeerplannen en sturen die naar Archiprix. De opleidingen kiezen de plannen conform de inzendvoorwaarden en de selectiecriteria van Archiprix. De inzendvoorwaarden stellen een maximum aan het aantal in te zenden plannen, afhankelijk van de grootte van de betreffende opleiding. Voor Delft is het maximum 9, voor Amsterdam 4, Eindhoven 4, Rotterdam 3, Tilburg 2, Wageningen 2, Arnhem 1, Groningen 1 en Maastricht 1. Dit betekent een maximaal aantal van 27 plannen. Voor de Archiprix 2011 stuurden alle opleidingen het maximale aantal in. Naast formele bepalingen bevatten de inzendvoorwaarden de inhoudelijke criteria die de basis vormen voor zowel de selectie van de plannen door de opleidingen als voor de jurybeoordeling. Verlangd wordt dat het ingezonden plan in ieder geval: een ontwerp of ruimtelijk plan als resultaat heeft; een expliciet geformuleerde probleemstelling als uitgangspunt heeft en een inhoudelijke verantwoording bevat van de wijze waarop het plan, uitgaande van de probleemstelling, tot stand is gekomen. Bij de beoordeling wordt gelet op de volgende elementen: de analyse van de opgave; de conceptuele kracht van het plan; de ruimtelijke kwaliteit van het ontwerp in combinatie met een zorgvuldige inzet van middelen; de verantwoording in beeld en geschrift en de samenhang tussen al deze elementen. Deze samenhang is van belang omdat de inzender daarmee aantoont het totale proces te beheersen waarbij het in de opgave gestelde probleem wordt vertaald naar een passende ruimtelijke oplossing.

Jurysamenstelling

Jaarlijks stelt het bestuur van Archiprix een andere, onafhankelijke jury van deskundigen samen. Omwille van de objectiviteit worden geen personen in de jury opgenomen die direct betrokken zijn geweest bij de totstandkoming van een inzending of die een directe relatie hebben met de ontwerper van een ingezonden plan. De jury heeft als taak om alle deelnemende plannen op hun eigen merites te beoordelen en elk afstudeerplan van een kort inhoudelijk commentaar te voorzien. Daarnaast moet de jury uit de inzendingen de beste plannen selecteren, waaronder ze het prijzengeld kan verdelen. De jury bestaat uit vijf personen. Vier deskundigen uit de deelnemende vakgebieden en een theoreticus. De samenstelling van de jury die de afstudeerplannen van de Archiprix 2011 beoordeelde is als volgt: René Boomkens (theorie), Nikol Dietz (landschapsarchitectuur), Rob Hootsmans (architectuur), Christian Kieckens (architectuur) en Gert Urhahn (stedenbouw).
De secretaris van de jury is Henk van der Veen van Archiprix.

Werkwijze

De jury beoordeelde de plannen op 14 en 23 februari 2011 in Delft. Voorafgaand aan de jurybeoordeling ontving de jury van elk plan een door de ontwerper opgestelde tekst met de essentie van zijn of haar plan. In de periode tussen de beide jurybijeenkomsten zijn de toelichtingen bij de plannen bestudeerd. De jury beoordeelde elk plan afzonderlijk op zijn kwaliteiten, uitgaande van de door Archiprix opgestelde criteria zoals die in de inzendvoorwaarden zijn weergegeven.

Statistiek

Van de 27 ingediende afstudeerplannen zijn er 20 met als afstudeerrichting architectuur, van 5 plannen is de afstudeerrichting stedenbouw en 2 projecten zijn ontworpen door deelnemers die afstudeerden in de landschapsarchitectuur. Negen projecten hebben een buitenlandse locatie.

Algemene opmerkingen

Bij het bestuderen van de ingezonden plannen voor de lichting 2011 van de Archiprix zag de jury een breed scala aan kwaliteiten. Relatief veel ambachtelijk vakmanschap en theoretische reflectie. Opvallend veel dikke rapporten bevatten kwalitatief hoogwaardige studies. Onder invloed van de academisering van het ontwerponderwijs verschuift het accent van het ontwerp naar de theoretische onderbouwing. De aansluiting van studie en ontwerp op elkaar laat echter nogal eens te wensen over. Soms lijkt er sprake van twee projecten, een boek en een beeldende presentatie, die niet op evenwichtige wijze aan elkaar gerelateerd zijn.

Betekenisvolle stedenbouwplannen

Vanuit de studierichting van de stedenbouw is een aantal volwassen plannen ingestuurd. Na een periode waarin er zorgelijk gekeken werd naar de kwaliteit van de stedenbouwkundige afstudeerplannen lijkt er nu een stap gemaakt te worden die de stedenbouw in een nieuwe rol weer temidden van de andere disciplines positioneert. In de landschapsarchitectuur vond die ontwikkeling al eerder plaats. De grote schaal wordt goed getackeld door beide disciplines die naadloos in elkaar overgaan en goed naast elkaar opereren. De stedenbouwers hechten meer betekenis aan het proces en zoeken naar mogelijkheden om kaders te creëren die handelingsvrijheid scheppen voor de gebruikers.

Zoeken naar nieuwe programma's

Nu, mede door de financiële crisis, bestaande programma's ontoereikend zijn geworden moeten ontwerpers nieuwe wegen inslaan. Men is onzeker, maar de drang naar vernieuwing is voelbaar. Verschillende wegen worden bewandeld om tot een betekenisvolle andere werkelijkheid te komen, variërend van de inbreng van poëzie als vanuit de rationele geest. Vooral bij de architectuurinzendingen constateert de jury een zekere identiteitscrisis. Men heeft afscheid genomen van de moderne beweging als inspiratiebron maar heeft nog geen duidelijke nieuwe richting in de architectuur gevonden. Velen spreken weliswaar over duurzaamheid, maar dat blijft over het algemeen plichtmatig. Er is op een enkele uitzondering na geen sprake van fundamentele aandacht voor dit actuele en uiterst relevante thema. Ook opgaven als het nieuwe wonen, nieuwe typen grondgebonden woningen in hoge dichtheden en de behoefte aan een nieuwe appartementencultuur vinden geen weerklank. Wel is er aandacht voor het thema van de zorg. Daarnaast worstelen de architecten met het publieke domein. Al enkele decennia geleden werd het een nadrukkelijk onderdeel van de architectuuropgave. Je zou verwachten dat het nu gemeengoed is geworden, uit de plannen blijkt dat niet. Tenslotte valt op dat er sprake is van relatief veel interessante internationale opgaven. Verschillende afstudeerders gaan met succes de uitdaging aan om voor buitenlandse locaties inspirerende plannen te ontwerpen.

Prijzen en vermeldingen

De jury selecteerde drie projecten voor een prijs en drie voor een eervolle vermelding. De prijswinnende ontwerpen onderscheiden zich door een hoge kwaliteit op alle gestelde criteria, ze formuleren bovendien een uitermate trefzeker antwoord op de gestelde opgave. De eervolle vermeldingen werden toegekend aan projecten met uitzonderlijke kwaliteiten op bepaalde aspecten maar met tekortkomingen op andere onderdelen.

Eerste prijs
Tempelhof. De plantage van Berlijn, Jan Martijn Eekhof, Academie van Bouwkunst Amsterdam, stedenbouw

Gedeelde tweede prijs
Les cours Balteau: een hedendaagse interpretatie van de vernaculaire architectuur, Thorsten Schneider, Technische Universiteit Eindhoven, architectuur
Restructuring the Resettled Landscape, Miranda Schut, Ilse Verwer, Wageningen Universiteit, landschapsarchitectuur

Eervolle vermeldingen
Hotel De Boot Gemist, Wytske van der Veen, Academie van Bouwkunst Maastricht, architectuur
Kindernachtverblijf, Thomas van Nus, Academie van Bouwkunst Amsterdam, architectuur
Space of the Voids, Negar Sanaan Bensi, Technische Universiteit Delft, architectuur

De jury besprak elk plan, de planbespreking door de jury is weergegeven bij de plantekst van elk afstudeerplan.

Jury report Archiprix 2011

Conditions of entry
Each year the Dutch institutions offering Master's programmes in architecture, urban design and landscape architecture select their best graduation projects and submit them to Archiprix. The institutions make their selection in accordance with the conditions of entry and selection criteria set down by Archiprix. The conditions of entry set a maximum to the number of submitted projects, proportionate to the size of each institution. So for Delft the maximum is 9, for Amsterdam 4, Eindhoven 4, Rotterdam 3, Tilburg 2, Wageningen 2, Arnhem 1, Groningen 1 and Maastricht 1, giving a total of 27 projects. All the institutions submitted their maximum number to Archiprix 2011. Besides these formal regulations, the conditions of entry contain the criteria underlying both the selection of projects by the institutions and the adjudication. The quintessential requirements are: that the outcome of the entry is an architectural, urban or landscape design; that this has an explicitly stated issue or issues as its basic premise and that there is a detailed account of how, working from the above issues, the project was arrived at. When judging the projects the following elements are successively taken into account: the analysis of the brief; the project's conceptual strength; the spatial quality of the design together with a sensitive deployment of resources; an account of the project in words and images and the cohesion enjoyed by all these elements. This cohesion is of major importance as it serves to demonstrate the entrant's mastery of the entire process insofar as this translates the issue raised by the brief into an appropriate three-dimensional solution.

The jury
Each year Archiprix's executive board assembles a new independent jury of experts. In the interests of fairness, no persons directly connected with preparing a submitted project or directly related to a designer of such, may sit on the jury. The jury's task is to assess the projects on their own merits and briefly comment on the substance of each. In addition it has to select the best entries and divide the prize money among them accordingly. There are five members of the jury, four experts in the three disciplines concerned and a theorist. The line-up of the jury that judged the final-year projects of Archiprix 2011 is as follows: René Boomkens (theory), Nikol Dietz (landscape architecture), Rob Hootsmans (architecture), Christian Kieckens (architecture) and Gert Urhahn (urban design).
Secretary to the jury is Henk van der Veen of Archiprix.

Adjudication
The entries were judged on February 14 and 23 2011 in Delft. Before those dates the jury received for each project a text composed by the designer giving the essence of his or her entry. The jury studied these written explanations in the period between the two judging sessions. It assessed each project individually in terms of its qualities, proceeding from the criteria established by Archiprix and stated in the conditions of entry.

Statistics
Of the 27 projects submitted, 20 are by students graduating in architecture. Five entrants have urban design as their major subject and two have landscape architecture. Nine projects are located abroad.

General remarks
The jury was struck by the wide range of qualities that emerged from studying the 2011 batch of projects submitted to Archiprix. There is certainly plenty of design skill and theoretical reflection in evidence. Remarkably many thick reports contain studies of a high quality. The shift towards the academic in design education has moved the emphasis from the design itself to its theoretical underpinning. That said, the tie-up between study and design is quite often under par. At times it seems as though there are two projects, a book and a visual presentation, whose relationship is unevenly balanced.

Urban design projects of note
The urban design specialism has elicited a batch of mature plans. After a period when the quality of its graduation projects was a cause for concern, urban design seems now to be back in a new role amidst its fellow disciplines, like landscape architecture before it. The large scale is tackled effectively by both disciplines which meld together seamlessly and work well side by side. The urbanists set greater store by the process and look for ways of creating frameworks that give users freedom of movement.

Looking for new programmes
Now that existing programmes have become inadequate, in part due to the financial crisis, designers are having to break new ground. There is uncertainty, but there is also a tangible desire for renewal. This search for a new meaningful reality has taken different forms, ranging from the use of poetry to the purely rational approach. The jury identifies something of an identity crisis, most strongly among the architecture entries. The Modern Movement has been abandoned as a source of inspiration but a clear new direction in architecture has yet to be found. The concept of sustainability is bandied about but in general more out of a sense of obligation. With one exception, this utterly relevant theme lacks the strong attention it deserves. Other challenges conspicuous by their absence include rational home design, new types of street-level access houses in high densities and the need for a new apartment culture. One theme that does get attention is health and social care. Beyond that, the architects are still grappling with the public domain. This has been part and parcel of the architect's brief for several decades. You would think it would be standard practice by now, yet the projects fail to bear this out. Lastly, there are remarkably many interesting international briefs in which entrants successfully address the challenge of designing inspirational projects for foreign sites.

Prizes and mentions
The jury selected three projects for a prize and three for an honourable mention. The prize-winning designs are distinguished by a high quality in all the set criteria and all formulate a highly effective response to the self-imposed brief. The honourable mentions were awarded to projects with exceptional qualities in some aspects but with shortcomings in others.

First prize
Tempelhof: Berlin's Public Garden, Jan Martijn Eekhof, AvB Amsterdam, urban design.

Shared second prize
Les cours Balteau: a contemporary interpretation of vernacular architecture, Thorsten Schneider, TU Eindhoven, architecture.
Restructuring the Resettled Landscape, Miranda Schut and Ilse Verwer, Wageningen Universiteit, landscape architecture.

Honourable mentions
Hotel De Boot Gemist: a choreography of longing, Wytske van der Veen, AvB Maastricht, architecture
Child night care centre, Thomas van Nus, AvB Amsterdam, architecture.
Space of the Voids, Negar Sanaan Bensi, TU Delft, architecture.

The jury discussed each project, the results of which are reproduced alongside the designer's account of each final-year project.

ARCHIPRIX WINNAARS VANAF 1979 – ARCHIPRIX WINNERS SINCE 1979

2011
Jan Martijn Eekhof
Thorsten Schneider
Miranda Schut
Ilse Verwer
Wytske van der Veen
Thomas van Nus
Negar Sanaan Bensi

2010
Jeroen Atteveld
Monique Sperling
Fleur Muris
Paul Verhoeven
Zineb Seghrouchni

2009
Dingeman Deijs
Simone Pizzagalli
Servie Boetzkes
Derk van der Velden

2008
Ruud Smeelen
Sander Lap
Anne Seghers
Shany Barath
Gary Freedman
Iwan Westerveen

2007
Jochem Heijmans
Max Rink
Francisco Adão da Fonseca
Saša Rađenović
Marjolijn Guldemond
Francesco Marullo
Ivonne de Nood

2006
Seth de Rooij
Jan Hendrik Bos
Boris Hocks
Bas van Vlaenderen

2005
Furkan Kose
Theo Reitsema
Petra van de Ven

2004
Mark van Beest
Robert Verrijt
Ronald Rietveld

2003
Maarten Terryn
Daniel Casas Valle
Pim Pompen
Peter Masselink
Hiske Wegman
Delano Richardson
Piotr Poniatowski
Yuri Werner

2002
Harm Timmermans
Rob Willemse
William Veerbeek
Ingeborg Thoral

2001
Angie Abbink
Marten de Jong
Gert Anninga
Hans van Loon
Eddy Verbeek
Marco Visser
Hanneke van Wel

2000
Bart Reuser
Marijn Schenk
Jaco Woltjer
Roosmarie Carree
Isabelle Krier
Julietta Zanders

1999
Henk Korteweg
Caspar Slijpen
Jonas Strous
Ellen Marcusse
Marc Polman

1998
Jolai van der Vegt
Fenna Haakma Wagenaar
Patrick Meijers
Hans Moor
Joost Glissenaar
Hedwig Crooijmans
Jan Roozenbeek
Annemieke Diekman

1997
Nikol Dietz
Maarten van der Velde
Alies Rommerts
Peter Keijsers
Karel van Eijken
Nadia Jellouli-Guachati
Gerrit-Jan van Rijswijk

1996
Janneke Bierman
Robbert de Koning
Kamiel Klaasse
Pieter Bannenberg

1994
Emiel Lamers
Marieke Timmermans
Pascal Grosfeld
Christoph Grafe
Rik van Dolderen
Floris le Conge Kleyn

1993
Gerard van Heel
Jan Bruyn
Piet Goud
Katrien Prak

1992
Laurens Jan ten Kate
Patrick Fransen
Jeroen Hoorn
Frits van Loon
Berrie van Elderen
Martin Kleine Schaars
Harmen Otto van de Wal

1991
Marie-José Rijnvos
Roemer van Toorn
Liesbeth Janson
Jos Kramer
Caroline Stegewerns
Peter de Ruyter
Edwin van der Hoeven
Maaike Bos
Teo Bähler
Richard Hendriksen
Gery van Heesch

1990
Bjarne Mastenbroek
Annemariken Hilberink
Winka Dubbeldam
Jacob van Rijs
Ronno Honingh
Michiel Riedijk & Juliette Bekkering

1989
Lars Spuybroek
Jurriaan van Stigt
Jan van der Veen
Ralph Hendrikx
Reinier Nijland
Dick van Gameren

1988
Erik Knippers
Liesbeth van der Pol

1987
Henk Meijer
Lody Trap
Pauline Koppen

1986
Jozef Harten
Albert van den Brink
Ad van Aert
René van Zuuk

1985
Sjoerd Cusveller
Paul Meeuwisse
Ady Steketee
Annette Marx

1984
Freek Riem
Dirk van As
Guido Swart

1983
Wim van den Bergh
Louis Dams
Chris de Weijer
Marc van Leent

1982
Frank van der Linden
Henk Engel
Paul de Vroom
Dolf Dobbelaar

1981
Johan Kappetein
Hans Claessens
Rob van Gemert

1980
Paul Kalkhoven
Hans van Heeswijk
René Jacobs
Stan Cornips
Theo Wisman
Hans de Gruil

1979
Gert-Jan Hendriks
Kees Hund
Aitse van den Bos
Joep Habets
Henk Mihl
Leon Thier
Bouke Verhaagen

INDEX PROJECTEN
– INDEX OF PROJECTS

Telma van Gestel

INFRATOPIA

een nieuwe stationstypologie. *A new station type*

Pagina *Page* 45–47
Toegepast in een nieuw station in Den Haag behoort met infratopia, het stationsgebouw tot de verleden tijd. Het stationsgebouw verdwijnt en de tram, bus en trein komen terug in de straat en in de stedenbouwkundige structuur. De stromen worden niet gedwongen in één gebouw samen te komen en de overstap gaat via de openbare ruimte. *With infratopia applied in a new station in The Hague, the station concourse has become a thing of the past. Out goes the station concourse and the tram, bus and train return to the street and the urban structure. The flows are no longer forced to converge in a single building and the transfer takes place via the public domain.*

Thomas van Nus

KINDERNACHT-VERBLIJF

Child night care centre.

Pagina *Page* 48–50
Woningbouw voor schipperskinderen van 6 tot 18 jaar op het Zeeburgereiland in Amsterdam. *Housing for bargee children aged 6 to 18 on Zeeburgereiland in Amsterdam*

Lieke van Hooijdonk, Elsbeth Ronner, Lilith van Assem

DE METAMORFOSE VAN DE COOLSINGEL

of de weldadige kaalslag van de Stad. *The metamorphosis of Coolsingel, or the benign demolition of the City.*

Pagina *Page* 51–53
Het ontwerp onderzoekt de essentie van de architectonische metamorfose door de Coolsingel te transformeren tot luchthaven om vervolgens, wanneer de vliegtuigen verdwenen zijn, de Coolsingel in een nieuwe gedaante te laten wederkeren. *The design examines the essence of architectural metamorphosis by transforming the Coolsingel area in Rotterdam into an airport. Once the planes have gone, Coolsingel can return in a new guise.*

Roj Kanjanapanyakom

MIM

Metropolitan Informal Mobility.

Pagina *Page* 54–56
Kleinschalige vervoersmiddelen en micro-overstappunten staan centraal in een nieuw systeem voor publiek transport in Bangkok dat een bijdrage levert aan de oplossing van de groeiende mobiliteitsproblemen van de metropool. *Small-scale modes of transport and micro-nodes feature in a new public transport system in Bangkok that can contribute towards solving the growing problem of mobility in the metropolis.*

Kor Zijnstra

PRO-THESE VOOR DE TOEKOMST

Pagina *Page* 57–59
Architectuurprotheses geven de ruïne van Strokartonfabriek De Toekomst II te Scheemda een nieuw leven waarbij het proces van verval als kwaliteit wordt ingezet. *Architectural prostheses give new life to the remnants of the former straw cardboard factory 'De Toekomst II' in Scheemda, exploiting the process of decay as a quality.*

Thomas Boerendonk

PUBLIC VILLA

Ontwerp voor een kostschool. *Design for a boarding school.*

Pagina *Page* 60–62
Het ontwerp voor een volledig openbare leefruimte kent tegelijkertijd een zekere beslotenheid. De oude herenhuizen van Havana die veelal openbaar toegankelijke verkeersruimten hebben en die verschillende kwaliteiten en gradaties van beslotenheid kennen, vormen de inspiratiebron voor het plan. *This design for fully public living quarters at the same time admits to a measure of seclusion. It was inspired by the old mansions of Havana, many of which have publicly accessible circulation space and possess a whole range of qualities and grades of containment.*

Jolien de Jong

RE-INSTITUTIONALI-SERING

een ode aan de ouderdom. *Re-institutionalization: an ode to old age*

Pagina *Page* 63–65
Een ontwerp voor een grootschalig verpleeghuis dat de kwaliteit van leven van dementerenden verbetert én de maatschappelijke houding ten opzichte van dementie ter discussie stelt. *A design for a nursing skyscraper that enhances the quality of life among people suffering from dementia and invites discussion of the way society regards this affliction.*

Miranda Schut, Ilse Verwer

RESTRUCTURING THE RESETTLED LANDSCAPE

Pagina *Page* 66–68
Een landschappelijke strategie die een geïntegreerde oplossing biedt voor het arrangement van informele activiteiten en landgebruik in het oeverlandschap van het Volta Meer in Ghana. *An integrated landscape based strategy for guiding informal activities and settlement in the riparian landscape of Lake Volta, Ghana*

Anna Borisova

THE SCHOOL

Pagina *Page* 69–71
Aan het water in Amsterdam Noord, biedt een nieuwe school ruimte aan de gewenste vernieuwing van het onderwijs. *A new school on the water in Amsterdam Noord provides a venue for the desired innovation in education.*

Negar Sanaan Bensi

SPACE OF THE VOIDS

Ruimte van herinnering en vergetelheid. *Space of Remembrance and Forgetfulness.*

Pagina *Page* 72–74
De void als een nieuw soort ruimte voor Havana, oud en gevuld met herinneringen die geleidelijk aan vergeten worden: een gedenkplek voor het dagelijkse leven. *The void as a new kind of space for Havana, old and filled with memories that are gradually being forgotten: a memorial space for daily life.*

Robert Wierenga

THE SUBLIME LIGHT AND THE HETEROTOPIA

Pagina *Page* 75–77
Verlichte afzondering; een klooster voor de Cisterciënzer orde. *Illuminated isolation; a monastery for the Cistercian Order.*

Jan Martijn Eekhof

TEMPELHOF

De plantage van Berlijn. *Berlin's Public Garden.*

Pagina *Page* 78–80
Ontwerp voor de transformatie van het voormalige vliegveld Tempelhof tot voedselcentrum van de stad Berlijn. Een structuur van poreuze bouwblokken met collectieve tuinen vormt de schakel tussen de stad en een nieuw productielandschap. *A design for the transformation of the former Tempelhof Airport into a food centre for the city of Berlin. A structure of porous city blocks with communal gardens mediates between the city and a new productive landscape.*

Ties Linders

TUSSEN 8 EN 10

Ontwerp voor een stadsvilla aan de Weteringschans. *Design for an urban villa on Weteringschans.*

Pagina *Page* 81–83
'Tussen 8 en 10' onderzoekt de mogelijkheden voor een kleinschalig hotel op een historisch rijk geladen plek in Amsterdam aan de Weteringschans tussen Poppodium Paradiso en een villa. *'Between 8 and 10' explores the possibilities of slipping a small hotel into a historically rich site in Amsterdam on Weteringschans between the Paradiso rock venue cum cultural centre and an existing villa.*

Peter Hermens, Chris van der Zwet, Jaap van der Salm

NEW ORLEANS

Een werkend landschap voor New Orleans. *A Working Landscape for New Orleans*

Pagina *Page* 84–86
Ontwerp voor een nieuwe stedelijk-landschappelijke infrastructuur die de bewoners van New Orleans een inspirerende leefomgeving biedt en de bestaande hydrologische en ecologische problemen mitigeert. *Design for a new urban landscape infrastructure that provides the inhabitants of New Orleans with an inspirational living environment and alleviates the hydrological and ecological problems afflicting that city.*

Nelleke Karst

WONEN MET ZORG

Living with Care.

Pagina *Page* 87–90
Ontwerp voor een kleinschalige woonzorginstelling in het dorp Stedum op het Groningse platteland. *Design for a small-scale elderly housing project in Stedum, a village in Groningen province.*

OVER ARCHIPRIX – ABOUT ARCHIPRIX

ARCHIPRIX 2011

De hogere Nederlandse ontwerpopleidingen selecteren jaarlijks hun beste afstudeerplannen voor deelname aan Archiprix. De zevenentwintig plannen die voor Archiprix 2011 werden ingezonden geven in al hun verscheidenheid een beeld van de stand van het Nederlandse ontwerponderwijs in het studiejaar 2009-2010. De diversiteit is kenmerkend voor Archiprix. Anders dan bij de meeste prijsvragen is er geen sprake van een gezamenlijke opgave. Zowel het schaalniveau, als de behandelde problematiek, als de wijze van presenteren varieert per plan. Aankomend talent wordt vaak voor het eerst door Archiprix gepresenteerd. *Each year the higher institutions that teach design in the Netherlands select the best graduation plans by their students for submission to Archiprix. The twenty-seven plans submitted to Archiprix 2011 present in all their diversity a picture of the state of play in Dutch design education during the school year 2009-2010. Such diversity is typical of Archiprix. Unlike most competitions there is no common design task. Scale, issues, presentation - all of these differ per plan. Up and coming talent is often presented for the first time by Archiprix.*

De Stichting Archiprix is een samenwerkingsverband van Nederlandse onderwijsinstellingen voor hoger onderwijs op het gebied van architectuur, stedenbouw en landschapsarchitectuur. De stichting is opgericht in januari 1992 en komt voort uit de 'Landelijke Commissie Studentenplannen' die in 1974 op initiatief van de Stuurgroep Experimenten Woningbouw is ingesteld. In 1986 veranderde de Landelijke Commissie haar naam in Archiprix.
The Archiprix Foundation is a collaboration between higher educational institutions in the Netherlands in the fields of architecture, urban design and landscape architecture. The foundation was set up in January 1992 and derives from the 'National Commission for Student Plans' established on the initiative of the 'Steering Committee for Experiments in Domestic Construction'. In 1986 the National Commission changed its name to Archiprix.
Participerende opleidingen zijn; *The institutions taking part are:*

- Amsterdamse Hogeschool voor de Kunsten: Academie van Bouwkunst Amsterdam *The Amsterdam School of the Arts: academy of architecture*
- Academie van Bouwkunst Arnhem *Academy of architecture Arnhem*
- Technische Universiteit Delft: faculteit der Bouwkunde *Delft University of Technology: Faculty of Architecture*
- Technische Universiteit Eindhoven: faculteit Bouwkunde *Eindhoven University of Technology: Faculty of Building and Architecture*
- Academie van Bouwkunst Groningen *Academy of architecture Groningen*
- Academie van Bouwkunst Maastricht *Academy of architecture Maastricht*
- Hogeschool Rotterdam: ribacs, Academie van Bouwkunst Rotterdam *Hogeschool Rotterdam: Academy of Architecture and Urban Design*
- Academie voor Architectuur en Stedenbouw, Tilburg *Academy of Architecture and Urban Design, Tilburg*
- Wageningen Universiteit en Researchcentrum landschapsarchitectuur *Wageningen University and Research, landscape architecture group*

De Stichting Archiprix kent de volgende doelstellingen:

1. Het bevorderen van de instroom in de ontwerppraktijk van talentvolle ontwerpers die afstuderen aan de Nederlandse opleidingen voor hoger onderwijs op het gebied van architectuur, stedenbouw en landschapsarchitectuur.
2. Het bieden van een podium aan de Nederlandse ontwerpopleidingen waarop zij zich in binnen- en buitenland kunnen presenteren.
3. Het bevorderen van de discussie met betrekking tot de inhoud en de kwaliteit van het ontwerponderwijs in Nederland.

The objectives of the Archiprix Foundation are:

1. *To promote the influx into the design world of talented designers graduating from Dutch institutions for higher education in the fields of architecture, urban planning and landscape architecture.*
2. *To offer a platform to Dutch design institutions on which to present themselves both at home and abroad.*
3. *To further discussion about the content and quality of design education in the Netherlands. In line with these objectives Archiprix organizes annually the judging, awarding and presenting of the best graduation projects from the participant institutions.*

In het kader van deze doelstellingen organiseert Archiprix jaarlijks de jurering, premiëring en presentatie van de beste afstudeerplannen van de deelnemende opleidingen.
Deze onderwijsinstellingen sturen daartoe jaarlijks hun beste afstudeerplannen naar Archiprix. Het bestuur van Archiprix benoemt ieder jaar een jury die de ingezonden plannen beoordeelt en de prijzen en/of eervolle vermeldingen toekent. De jury bestaat uit vier deskundigen die elk werkzaam zijn in één van de deelnemende vakgebieden, aangevuld met een theoreticus. Tijdens een prijsuitreiking wordt het juryoordeel bekend gemaakt, worden de plannen voor het eerst tentoongesteld en verschijnt de publicatie van de ingezonden plannen en het juryrapport.
Het bestuur van Archiprix bestaat uit vertegenwoordigers van de aangesloten opleidingen, een onafhankelijk voorzitter en een onafhankelijk penningmeester. Op 1 april 2011 was de samenstelling als volgt:
These educational institutions consequently send the best of their graduation projects to Archiprix each year. And each year the executive board nominates a jury to judge the submitted plans and award the prizes and/or honorable mentions. The jury consists of four experts each active in one of the fields involved, supplemented by a theoretician. During a Public Meeting the jury's assessment is made known, the plans are shown for the first time and the book containing the submitted plans and the jury report is presented. The board of Archiprix consists of representatives of the above institutions, an independent chairman and an independent treasurer. On 1 April 2011 the line-up was as follows:
Madeleine Maaskant: voorzitter *chairman*
Aart Oxenaar: penningmeester *treasurer*
Amsterdam
Dick van Gameren: Delft
Ko Jacobs: Arnhem
Gijs Wallis de Vries: Eindhoven
Gert ter Haar: Groningen
Niek Bisscheroux: Maastricht
Chris van Langen: Rotterdam
Marc Glaudemans: Tilburg
Paul Roncken: Wageningen

COLOFON

– CREDITS

Dit boek werd mede mogelijk gemaakt dankzij een bijdrage van Hunter Douglas. *This publication has been made possible through the support of Hunter Douglas.*

Redactie *edited by*
Henk van der Veen

Maquette- en reproductiefotografie
photos of models and plans
Hans Krüse & Hans Schouten, Delft

Vertaling *translation into English*
John Kirkpatrick, Rotterdam

Ontwerp *design*
Cobbenhagen Hendriksen, Amsterdam

Lettertype *typeface*
Wisselende composities van 26 (kapitalen) verschillende lineaire en groteske lettertypen.
Changing compositions out of 26 (capitals) different lineair and grotesk typefaces.

Druk *printed by*
Die Keure, Brugge

www.archiprix.nl
www.010.nl
www.hunterdouglascontract.com

ISBN 978-90-6450-758-8